中国哲学小讲

（日）铃木大拙 著
崔童 译

应急管理出版社
·北 京·

序 言

本书是从三篇独立文章衍生而来的。从1907年到1908年，我陆续在《一元论》（*The Monist*）杂志上发表了这三篇文章。为了能让更多人读到，我索性把它们集合成书。当然，我修订和补充了很多内容，并希望本书是通俗易懂的。

1911年，辛亥革命风起云涌，中国的封建帝制彻底瓦解，中国吸引了全球目光。不过，令人惋惜的是，真正懂得中国人和中国思想的学者可谓寥寥无几。这本具有开创性与系统性的小书将在一定程度上揭示中国最根本的思想特点（从先秦时代开始），从而让那个长期以来被人们误解的国家能被人理解；如果能做到哪怕一点，那么本书也就完成了其使命。

铃木大拙

东京

1913年12月

引　言

中国文明大致起源于公元前3000年，相传在黄河流域生活着许多部落，而三皇五帝[1]则是这些部落的首领。在中国，存世最久远的典籍是《尚书》[2]，其开篇便提到了尧舜的施政方针。在传说中，尧舜[3]是公元前2400年前后的统治者。在《尧典》和《舜典》中，我们可以看到许多具有宗教色彩且意味深长的史料，并由此能大致了解一些中国哲学在古代所形成的自然观。这种自然观不仅传承到了今天，而且和当初的面貌出入不大。

三皇五帝

中国哲学研究的真正发端理应以周朝渐衰时为起点，也就是

清华简《尚书》

公元前7世纪。

此前，思想家世代不息，想来已在历史舞台上等候良久，他们的思想成果或多或少地被记录在了后人所著的《周易·系辞》与老子《道德经》[4]当中。

自公元前7世纪伊始，中国相继出现了许多著名的哲学家与伦理学家，其中尤以孔子、老子为最。他们拉开了中国早期哲学发展的帷幕，并在此后好几百年间孜孜不倦地推动着哲学进步[5]。这就好比，冗长且苍白的寒冬过后定是充满生命力的春天。这一阶段大概延续了400年之久，堪称中国文明史中最灿烂的时段；它终止于秦朝，因此又被称为先秦。

在此后的岁月里，中国人变得越来越理性，并愈加深入地研究了人的心理，但从来没有超越过先秦诸子的思想范畴。中国哲学变得更加精密，然而不幸的是，它在自由发展的过程中走向了错误的方向，准确地说是毫无方向。中国哲学在先秦时代觉醒，而后致力于解决各种问题。对于思想家们而言，宇宙是新鲜的；他们总能在所关注的领域内找到突破口。他们的思想天马行空、包罗万象。与先秦时代告别之后，中国人的思想渐渐进入了刻板时期；如果说思想如同血液，那么此时的血管似乎有些衰老和硬化了。

创造力十足的先秦时代戛然而止。秦始皇在公元前 221 年兼并六国、一统天下。面对刚刚萌芽的自由思想，他选择了残暴镇压。身为始皇帝，嬴政对所有异端思想嗤之以鼻，一心只想“别黑白而定一尊”。公元前 213 年，秦始皇听从了丞相李斯的进谏，制造了“焚书坑儒”[6]这一大事件。此般暴行令人心悸，而他却视之为一桩乐事。

自由思想受到了沉重打击，中国人的精神堡垒被打垮，后遗症持续了千年之久[7]。此后千年之间，中国再也没有见解独到的思想家诞生。秦始皇对思想界的摧残可以说是毁灭性的，留给后人的唯有废墟一片；后世之人没能创造出新思想，每天做的事不过是寻找曾经遗落的先秦思想。他们捧着存世经典反复研读，一发现新文献就斟字酌句地研究，再写上引经据典的备注。一部分在历史上有文字记载的文献或已失传，这便给了一些人伪造文献的机会。因此，在这个时期里，伪书大行其道。

佛教传入中国的过程并不坎坷，因为当时的中国思想恰好处于惰性时期（公元前 213 年至 959 年）。佛教徒发现，佛教教义和中国的道家思想是有交集的，于是就借鉴了大量道家用语；当然，他们也创造了许多新词汇来表述那些中国人从来没有听说过的理念。佛教在中国十分盛行，尤其是在文化阶层当中，并为宋代（960年至1279年）儒家思想的重启和发展奠定了基础。渐渐地，中国人学习到印度哲学，特别是方法论与形而上的格外精深。笃信孔子的儒家在认识到佛教的长处后，也获得了长足的进步。

儒家子弟潜心研究着新鲜出炉的典籍，与此同时，佛教徒则奔赴各地积极地传播佛法。他们将很多梵文书写的佛经翻译为汉文，同时还创编了大量宗教哲学著作。佛经为他们提供了灵感，不过他们自身的造化能力也十分强大，甚至可以说，中国佛教自成一家，对万物之本的领悟更加深厚。

通常情况下，许多人都会把中国哲学史和儒家哲学史画上等号，究其原因，除了当年诸子百家缔造了先秦哲学时代之外，剩下的哲学成果大概也只有儒家思想了。不过，要更深入地了解重整旗鼓的宋代儒学的思想构架，我们就必须关注：在宋代之前，儒家思想蓄势待发之时，佛教思想的发展有多么重要。

宋代，中国哲学得以重获新生，这是中国哲学史上的里程碑[8]。千年以后，中国人不再沉默。相较于先秦时代，他们的思辨变得更加智慧——尽管还没有突出重围，却参透了斯芬克斯之谜[9]。面对外来的佛教，中国的思想家们终于打起了精神。中国哲学体系吸收并消化了许多佛教思想。当然，中国人并没有盲目地大包大揽。在直觉的指引下，他们将那些和中国人的“功用”本性格格不入的部分削去了。换句话说，他们只是针对儒家思想的一系列困惑，到佛教领域中去寻找答案。中立地来看，中国哲学于宋代重获新生，但并未提出新问题，依旧是循着先秦诸子的足迹在前行。在先秦时代，儒家是百家之一，并非一枝独秀，而且其地位尚不如日后这般尊贵。那个时代充满了“诱惑”，所以思想家们并不会将自己束缚在已有的理论中。但是到了宋代，情况却完全不同了。宋代的哲学家们一直走在儒学道路上。他们对很多从西方传入的新思想颇为了解，心想要把这些思想利用起来，好让孔孟思想继续发扬光大，并进一步解读那些像真理一样存在的儒学典义。他们从来没有考虑过离经叛道，所以宋代新儒学开创性地重新诠释了旧儒学体系。

相较于希腊人和印度人，中国人并非真正意义上的思辨民族。中国哲学一直倾向于以道德科学与行为伦理学为核心。巧妙的推理也好，奇特的想象也罢，中国人始终关注的是万事万物的行为及道德。他们只想与平凡社会和谐共存，不愿去寻找超凡脱俗的清净观止。他们微笑地看着那些身处凡尘却心在九天之人，因为就算是看破了红尘，也无法改变世俗的命运。在研究中国思想史的过程中，这一点切不可忘。儒家思想拥有特有的、无法抹去的功能性与保守性，因而终究无法像彗星那样四处遨游。

宋朝离场，元朝登场。因为历时短暂，所以元朝没能为我们留下多少可以圈点的哲思贡献，甚至可以说什么都没留下。直至明代，才出现了一位难得一见的道德圣人、思想巨擘，那就是著名的王阳明（1472 年至 1529 年）。

清焦秉贞绘王阳明像

他继承了开启中国人心智的宋代新儒学。他还算不上是儒学领域内的独立思想家，不过他以举世无双的创造力，让孔孟思想重新得到了认可，并有了新的出路。

王阳明是一位伟大的哲学家。在他之后，中国哲学史又一次进入了混沌期，中国在很长一段时间里都没能再诞生不拘一格的新思想。

诸子百家

辛亥革命爆发之后，中国社会的许多方面都发生了翻天覆地的变化，除了思想领域；风行于世的保守主义如同超出剂量的鸦片一般，让中国人沉迷于虚无，怠惰不堪，而中国哲学要怎样才能觉醒和复兴，尚不可知。

西方思想来到远东地区的时间并不短，然而，从落后的哲学说教、传统，以及迷信中脱身而出的中国人恐怕还不到万分之一。辛亥革命改变了中国的政治体制，不过中国民众却还不太清楚，20 世纪的思想运动有多么重要。这种情况还出现在其他亚洲国家。当然，这个东方大国一旦觉醒，并着力于西方科学和西方方法论，那么定能以不负历史盛名地缔造出一番辉煌，为人类文明做出创造性的贡献。在当今这个人类文明飞速发展的世纪，中国人的进步受到了限制，原因是他们还在遵循旧制探索客观世界与精神世界，而不是因为他们没有创造力。开启知识世界大门的密钥是方法论。中国人如果能改变对新思想运动的看法，那么他们所拥有的无穷知识必定将走向世界，造福人类。

先秦时代孕育了中国哲学史上最丰富的创造性思想。文明浪潮汹涌澎湃，社会政治环境相对开放，中国人因此而有了对生活、对宇宙进行思辨的胆量。这种思辨挣脱了前人束缚，旨在表达自我，并跨足人类未知之地。自然选择从来没有将某种生活定义“指定”为普适于中国人的学说，而且还与国家、道德、思想特质有关。先秦诸子，百家争鸣，竞争既激烈又自由，没有哪家哪派被时代认定为生存的“适者”。诸子百家都在夹缝里求生，儒家自然是其中一员。道家的思想系统还没有建构起来。异端思想和正统思想一样拥有自己的舞台，一点也不胆怯。那是个信奉言论自由的时代，人们尚未受制于某些传统或学识，所有总会参悟出独到的见解，而且不用担心没人支持。倘若拥有像当下一样发达的印刷技术或传播通道，那么先秦时代的中国思想很有可能会轰动全世界！

中国人大概是把所有精力都花在了先秦时代，因为在此后的漫长时光里，他们再未孕育出这样的独创思想。有些思想也曾盛极一时，却未能流芳百世。后世之人独尊儒术[10]，于是哲学家们想方设法地用更深远、更浅显的方式对儒家思想进行了阐释；别的学派受到了打压，几乎可以说是苟延残喘。就这个角度而言，中国思想在秦朝之后的发展历程与欧洲哲学在中世纪的发展历程大同小异，不过中国思想的发展是不疾不徐、循序渐进的，毕竟儒家完全不同于欧洲中世纪时的基督教，它从不倾向于迷信、疯狂，以及非理性。儒家思想本质上是一种道德思想，也是一种功用主义，和形而上学南辕北辙。在这种情况下，道家那些深奥精妙的思想就失去了发展空间，只能止步不前，就算后来与佛教——从印度传入中国的思辨——有所往来，也无济于事。庄子秉承了老子的哲学思想，并将这一学派推向了巅峰，然而庄子既没能为自家哲学思想梳理出体系，也没能总结出方法，留给人们的要么是隐晦难懂的说辞，要么是模棱两可的假想。所以，在我们看来，没有哪个时代的中国哲学比先秦时代的更丰富、更宏观、更大胆。

中国哲学没能突飞猛进，背后的原因有很多，例如表意文字的使用。一方面，汉字呆板难记；另一方面，中文的语法结构散乱。动词的位置是固定的，名词的词尾不会发生变化，时态的表达与语法无关。语言是一种工具，可以用来表达思想，也可以用来理解思想。想要做好一件事，准备工作至关重要；没有好工具，或许就做不出令人满意的好产品，阅读之人或许就无法理解笔者的意思。卓越的思想家们怎会乐意用汉字书写想法呢？对于一部分追求简单明了的文学形式而言，中文优势明显。不过，当精准性和确定性上升到第一位时，中文不仅优势全无，而且还会影响，甚至阻碍哲学创作[11]。

在中国哲学体系中，我们看不到逻辑学，无论是在先秦时代，还是在那之后的历朝历代。印度哲学与希腊哲学则不是这样的，当其思想发展至一定高度——与中国先秦思想不相上下——的时候，希腊哲学迎来了逻辑学，印度哲学迎来了因明学。希腊文明也好，印度文明也罢，都很注重逻辑的严密性，倾向于系统推理，而且其思想构成的细致程度也超过了中国文明。中国人的脑子里满是常识，他们更注重功用性，不愿在那些和日常生活无关的“无用事物”上浪费生命。他们所追求的未必是清晰的逻辑和准确的表达，毕竟这世上或许并不存在真正意义上的纯粹的抽象。他们可能下意识地认为，不必费心钻研那些精妙的术语，以及抽象的思辨。所以，中国哲学没有受到神秘主义的影响，尽管道家思想有些特立独行；它的落脚点是世俗经验，避而不谈绝对存在、神的指引，以及长生不死。

接下来，我们将阐述中国先秦思想的主要贡献，它大致分为三个部分：哲学、伦理学，以及宗教。

注释

[1] 研究古代历史的人大多都学过“三皇五帝”。“三皇”一般指的是天皇、地皇、人皇，大概是三种被人格化的自然能量，最早出现在中国历史神话学中。

“三皇”过后便有了“五帝”，我们常常会听到这个词，不过它的具体含义比较模糊，最普遍的说法是：“五帝”分别为伏羲（青帝）、轩辕（黄帝）、神农（炎帝）、少昊（白帝）、颛顼（黑帝）；他们又被称为五方上帝，大概生活在公元前2852年至公元前2355年。（编者按：三皇五帝的具体含义在学术界有多种说法，此为其中一种说法。）

[2]《尚书》（或称《书经》）是“五经”中的一个。建元五年，汉武帝在董仲舒的提议下，开始修撰“五经”，即五部儒家经典：《易经》《诗经》《尚书》《礼记》《春秋》。

[3] 尧、舜皆为中国上古时代统治者；约公元前2356年至公元前2255年，尧在位；约公元前2255年至公元前2205年，舜在位。不过，许多资深的历史研究者都认为这不足为信，例如东京大学教授白鸟库吉甚至提出了“尧舜禹抹杀论”。

[4] 就字面意义而言，“道”有道路、道理之意；“德”有品德、德行之意；“经”则指经书。我们将在后文中详细介绍这本书的性质，以及它的作者。

[5] 后世之人依照学说学派对先秦诸子做了分类。类别又多又杂，让人很难理清思路，由此可见，这个时代的思想的确相当璀璨。《汉

书》的编纂者是班固，依照他的观点，先秦诸子被划分为10个派别：儒家（学者）、道家、阴阳家（天文术数家）、法家、名家（逻辑家或诡辩家）、墨家、纵横家（外交家）、杂家、农家、小说家。

[6] 在这次事件中，《周易》幸免于难，因为当时的统治者认为它是“占卜之书”，对帝王专政无害。

[7] 这种现象的出现并非只和秦始皇有关。在这个时期，中国人的思想已经开始出现衰落之象。关于这一点，该时期所出现的一系列诡辩术，譬如公孙龙的“白马非马”可以为我们提供一些线索。

[8] 把先秦哲学与稍晚时候发展起来的宋明理学放到一起来看的话就可以发现：

中国思想在长期发展的过程中具有思辨性。在之前的阶段，中国思想家们极具创造力，在没有外部影响的情况下，他们独立地解决了宇宙问题。（有人认为，印度文化对古代道家思想造成了影响，这很荒谬。）在之后的阶段，宋代哲学家们借佛教思想来解决儒学的既有问题，虽然他们从来没有公开承认过。

[9] 出自戏剧《俄狄浦斯王》，即一种动物早上四条腿走路，中午两条腿走路，晚上三条腿走路，腿最多的时候最无能。斯芬克斯之谜被用来比喻谜一般的人，其秘密是“诱惑”“恐吓”“现实社会”等。

[10] 儒家思想备受尊崇，但冰冻三尺非一日之寒。道家曾对儒家发起过猛攻，特别在汉代初期，准确地说是在汉文帝、汉景帝（汉景帝的母亲窦太后对他的影响很大）执政时期，道家看起来要强盛

许多。汉武帝登基之后，儒家子弟开始积极参政，汉代学术终于迎来了巅峰时刻。在此后的魏晋南北朝时期，道家思想为佛教思想提供了许多灵感，渐渐地，佛教开始流行起来。

到了唐初，李唐宗室自诩为老子后裔，这意味着老子被推上了尊位。唐代帝王不仅将老子尊奉为“太上玄元皇帝”，还为他建造了太清宫，并且年年都会去祭祀。尽管未能得到人民的支持，不过儒家思想还是迅猛地发展起来，并在唐代厚积薄发，最终赢得了胜利。随后，以“五经”为核心的科举制登上了历史舞台，致使佛教和道家就此退出了士大夫阶层。我们都知道，中国文化的内核其实就是士大夫文化，由此可见，道家此后的发展必定是荆棘密布。

[11] 由此可见，中国的第一批佛教徒们定是历经了千辛万苦，才得以将那些高度抽象且冗长繁复的经文翻译成了中文。那些经文已经没有办法再进一步简化了，也没有办法被转化成中国古典哲学。正因如此我们才会看到，佛教在传入中国，并和中国思想交融了千余年后，其文献资料依然是个独立的类别。中国思想家虽然对本土典籍了然于胸，但对佛经却并不精通。对于那些不懂梵文或巴利文的中国佛教徒来说，就算读的是中文版本的经文，也常常会百思不得其解。

目　录

第一章

中国人的哲学

中国哲学一向追求实际，和世俗紧密相关，看起来缺少本体论思辨、宇宙论假说，以及抽象的伦理学。中国人只会认真思考那些具有现实意义且隶属道德范畴的事物。实际上，中国哲学探究的是存在的终极形式，不过它并没有像西方哲学那般做出宏观描述。在中国人看来，哲学研究的对象并非包罗万象的宇宙，而是存在于宇宙之中的世俗，准确地说是所有与人类政治社会有关的事物。所以，中国只有道德说教，而没有真正意义上的哲学。18 世纪的英国诗人亚历山大 · 蒲柏曾说："认识自我，不要对上帝妄自揣测，人类应该研究的是自己。"这句话俨然是中国哲学的真实写照。我们在研究中国哲学史的过程中需要牢记这一点。尽管本章的主题是"哲学"，但我们应当清楚，哲学在中国人眼中不是最重要的，也不是中国思想发展的主要目标。

中国的二元论

在中国哲学史上，先秦时代孕育出了两派极具代表性且贯穿古今的哲学思想。其一是《易经》，以及以孔子为代表的思想[1]；其二是以老子为代表的思想[2]。第一种是二元论，带着捉摸不透的实践倾向；第二种是一元论，带有神秘主义色彩及先验倾向。

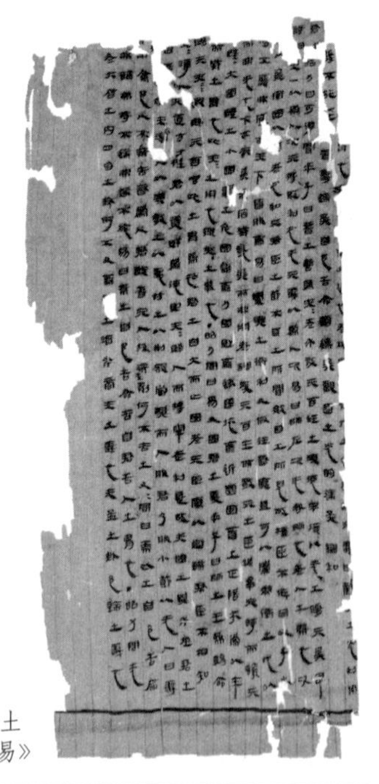

马王堆出土帛书《周易》

中国人建立的第一个思辨哲学体系是二元论，最早见于古老的《易经》。在流传下来的所有古老经典书籍中，《易经》是最难理解的。在探究其意义与价值的过程中，可谓争论不断，人们提出了很多不同的看法。在我看来，《易经》最初的意义早在周代之初就已经被更改了。相传，周文王与周公认为，《易经》既描述了自然现象，又涉及人间百态，可以用来占卜；在这种情况下，他们为《易经》注写了卦爻辞，而这些卦爻辞充满了实践经验与道德引导。400年后，孔子也对《易经》的本义进行了研究，并对前人的注解抱有质疑。孔子想为《易经》中那些艰涩难懂的部分找到思辨性的哲学基础。他曾经满怀热情地说："假我数年，五十而学《易》，可以无大过矣。"我们今天所看到的《易经》分为两部分："经"和"传"，其中"经"是正文，"传"是解读正文的"十翼"。据说"传"这部分的作者正是孔子[3]，充满了哲思。因此，后世的注疏家们认为，《易经》本来是一本哲学书，只是被后人用作了卜筮书。暂且不说《易经》本来的意义到底是什么，不可否认的是，中国早期思想家所提出的世界二元论是从《易经》中衍生出来的。

甲骨文　金文　楚系简帛　说文　秦系简牍　楷书

易

"易"字的演变

一部分词源学家提出，"易"这个字的构成其实是"日""月"二字[4]。我们不知道这到底是不是"易"字

八卦图

的词源本义，不过这一观点很是奇妙，它突出了“易”字所蕴含的变化——各式各样的变化：日落月升、春种秋收、好事变坏事、坏事变好事，等等。变化是一切运动的基本规律，而之所以会出现变化，则是因为宇宙间有阴有阳，且相互调和。阴阳两股为相反的力量，也就是《易经》中所说的乾坤：乾是六阳爻，坤是六阴爻。乾坤相荡，万物乃成，变化就此成为宇宙间亘古不变的规律。

《易传 · 系辞上》的第一章如下：

天尊地卑，乾坤定矣。卑高以陈，贵贱位矣。动静有常，刚柔断矣。方以类聚，物以群分，吉凶生矣。在天成象，在地成形，变化见矣。

是故刚柔相摩，八卦相荡，鼓之以雷霆，润之以风雨；日月运行，一寒一暑。

乾道成男，坤道成女。乾知大始，坤作成物。

乾以易知，坤以简能；易则易知，简则易从；易知则有亲，易从则有功；有亲则可久，有功则可大；可久则贤人之德，可大则贤人之业。易简而天下之理得矣。天下之理得，而成位乎其中矣。

《易传 · 系辞下》里则写道：

子曰："乾坤，其易之门耶？"

乾，阳物也；坤，阴物也。阴阳合德，而刚柔有体。以体天地之撰，以通神明之德。

《说卦》中的另一段文字是《易经》二元论的最佳体现：

昔者圣人之作易也，将以顺性命之理。是以立天之道，曰阴与阳；立地之道，曰柔与刚；立人之道，曰仁与义，兼三才而两之。

乾与坤、刚与柔、天与地、男与女、阴与阳，无不如《易经》所说，是两股相对独立又彼此作用的强大力量；它们遵循某些世间真理构建了宇宙。那世间真理也藏在《易

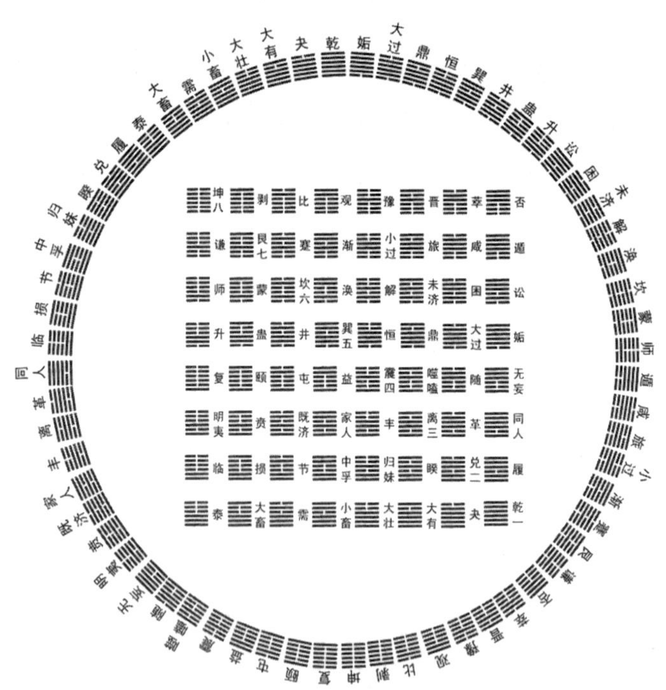

《周易》
六十四卦方位图

经》的六十四卦之中。中国人看重功用价值，并不会像毕达哥拉斯一样采用抽象的哲学来定义这个与数有关的概念，而是把它限定在世俗之事上。就算孔子打算通过编纂《易经》总结出自然哲学体系，他也没有办法不顾《易经》的道德内核，去天马行空地思辨。中国人最突出的心理特征是把所有能想到的事情都贴上道德标签。对于这件事，他们总是乐此不疲，就算眼前摆着的是毫无感官特性的六十四卦，以及相关卦画[5]。

注释

[1] 孔子“述而不作”“编订五经，宗周以成王道”。依照传统的看法，孔子不仅著有《春秋》（归属于“五经”），还撰写了《易经》里的“传”这一部分，不过许多现代研究者都对此提出了质疑，认为上述作品并非孔子亲笔写就。在他离世不久，他的学生就将孔子学说编辑成了《论语》这本书。当然，而今的《论语》可不是最初的样子，而是汉代定本。《论语》让我们了解了孔子，堪称孔子版的《新约》。

1893年，由理雅各翻译的英文版《论语》得以问世；随书还附录了“四书”中的《中庸》与《大学》。另外，理雅各还翻译了“四书”中的《孟子》。

[2] 没有人清楚老子的一生，但毫无疑问，他和孔子生活在同一时代，而且比孔子年长一些。那个时代大概在公元前6世纪。相传，老子骑着青牛出函谷关的时候接受了关尹子——他的学生或好友——的建议，而后著下了《道德经》，又称《五千言》。

[3]“传”这一部分的作者到底是不是孔子，已无从考证，但是这部分内容或许收录了孔子的某些思想或言论，例如那些以“子曰”为始的段落。然而，从整体上来看，“传”的作者应该有好几个人，因为他们的文字风格、表达方式，以及个人看法都大不相同。

[4] 另一部分研究者认为，“易”的原义为“蜥蜴”（也就是变色龙），就词源学意义而言，和“龙”存在一定关系。变色龙最突出的特点是其皮肤会随着环境变化而改变颜色，所以“易”字后来就成了表示变化的抽象意指。《易经》的作者在当年或许常能见到变色龙，他，

或者他们对变色龙的变色本领很是惊诧，于是开始用它卜卦，进而撰写了《易经》。

[5] 我不打算在本书中详细讲解《易经》的奥义，因为其内容与本书主题并无太大关系。“传”这一部分十分关键，也十分耐人寻味，它不但彰显了中国早期哲学的一种流行模式，还预言了中国哲学会在宋代迎来新的发展机会。关于卦爻的详情，请参阅 Paul Caru，Chinese Philosophy and Chinese Thought,Chicago Open Court Publishing Co.，p.25 ff.。

关于实证主义[1]

二元自然观是儒家思想的典型特点之一，除此之外，排斥形而上学是其另一个典型特点。孔子和后世传承者们指出，儒家思想主张“敬鬼神而远之”，不承认任何超越日常的事情。他们那淡然的智慧只因世间万物而存在，除了探究自然界中相生相克的阴阳关系，他们别无其他兴趣。他们不在意形而上学，因为那已超出了阴阳调和之道的范畴，超出了五行相生相克的客观世界的范畴。客观世界也好，道德世界也罢，它们的法则都建立在阴阳调和、五行相生相克的基础之上，而这些法则（也就是宇宙真理）全都能在《易经》中看到。所以，人类理应遵

五行相生相克

照这些法则来行事。只有这样，才能透彻地了解一切事理，才能完成生而为人的使命。为何要去寻找那些先验的、于人伦无益的存在，并绞尽脑汁地超越原本可以触及、可以理解的世间真理？难道只有天马行空的思考才能让人类强大起来吗？这是孔子的典型态度，也是儒家思想的典型态度。

子曰：“未能事人，焉能事鬼？”敢问死。曰：“未知生，焉知死。”（《论语·先进》）

子不语怪、力、乱、神。（《论语·述而》）

子曰：“鬼神之为德，其盛矣乎。视之而弗见；听之而弗闻；体物而不可遗。使天下之人，齐明盛服，以承祭祀。洋洋乎，如在其上，如在其左右。诗曰：‘神之格思，不可度思，矧可射思？’夫微之显。诚之不可揜，如此夫。”（《中庸·十六》）

就上述引用的段落来看，儒家思想中也潜藏着形而上学。尘世的彼岸或许有某种存在；自然现象与行为道德背后或许有某种精神，并从中不断获取着不可思议的能量。

事实上，神秘莫测的“视之而弗见”是可以感受到的，当人们“齐明盛服，以承祭祀”的时候，也就是它得到承认的时候。不过，没有人知道它究竟是什么样的，到底是什么意思；它深不可测，难以理解，人类凭借自身理性与智慧，是无法参透它的。然而，它孕育的世间真理却可以被感知，而且被记述于《易经》。我们都是凡夫俗子，应该去探究那些可感可知的现象，而非关注那些不可感知事物。理性，就像一条红线一样贯穿了笃信儒学的思想家们的理论。

包括儒家思想在内，一部分中国哲学常常会提到天、天命、太极等概念，可是这些思想家们却从来没有想过要如何解释“天”这个定义模糊的存在，或者真理。

在《易经》里，我们能看到一种带有唯心主义色彩的一元神秘主义倾向，不过并不常见。古代的儒家学者并不重视这种倾向，但是宋代思辨哲学给这种倾向提供了很大的发展空间。我将引用《系辞》中的几个段落来验证我的看法。不过需要强调的是，有的时候，“易”指代的是抽象的真理，而不只是阴阳相协的纯粹的自然现象；还有的时候，它代表一种哲学体系，该哲学体系完美地诠释了二元世界里的全部变化规律。

《易》无思也，无为也，寂然不动，感而遂通天下之故。非天下之至神，其孰能与于此。

夫《易》，圣人之所以极深而研几也。唯深也，故能通天下之志；唯几也，故能成天下之务；唯神也，故不疾而速，不行而至。

是故，《易》有太极，是生两仪，两仪生四象，四象生八卦，八卦定吉凶，吉凶生大业。

易与天地准，故能弥纶天地之道。

仰以观于天文，俯以察于地理，是故知幽明之故；原始反终，故知死生之说；精气为物，游魂为变，是故知鬼神之情状。

与天地相似，故不违；知周乎万物，而道济天下，故不过；旁行而不流，乐天知命，故不忧；安土敦乎仁，故能爱。范围天地之化而不过，曲成万物而不遗，通乎昼夜之道而知，故神无方而《易》无体。（《易传·系辞上》）

“易”偶尔还会被定义为“遵循规范”（德语写作Gesetzmassigkeit）之意，例如：

乾坤成列，而易立乎其中矣。乾坤毁，则无以见

《易》。《易》不可见，则乾坤或几乎息矣。（《易传·系辞上》）

上述段落无不耐人寻味，倘若真是孔子所写就，那足以证明，孔子不但是道德家，更有隐秘且伟大的能力可以探索生命与万象。而今的儒学已失去了原貌，从某种程度上来说，是因为传承者太倚重儒家思想中的实践部分，却忽略了其思辨部分。如果人们能一丝不苟地传承孔子学说，让它在各个维度上次第花开，那么孔子学说与老子学说的融合贯通或许会提前出现。

在先秦时代，最具才华的大儒莫过于孟子[2]。正是孟子将儒家思想体系一步步建立了起来，并延续至今。

孟子最常提及的是浩然之气，“其为气也，至大至刚，以直养而无害，则塞于天地之间。其为气也，配义与道；无是，馁也。是集义所生者，非义袭而取之也。行有不慊于心，则馁矣”（《孟子·公孙丑上》）。时至今日我们理解认为，浩然之气大概是一种遍及宇宙各个角落的动能（universal energy），可以激发和促动各种事物的运动。它控制着宏观世界，是生命的动力之源。

不过，孟子所提到的浩然之气通常都是狭义的：只存在于道德领域。相较于孔子所提出的天或天命——似乎源自《尚书》中的自然宗教观，浩然之气在形式上要精确一些：更加翔实，也更接近人性。当然，孟子显然也是注重实践和伦理的，对《易经》中的形而上学满不在乎。尽管孟子将先师孔子的伦理学发扬光大了，但儒家思想中的伦理学并未因此而尽善尽美。综上所述，我们认为身为儒家代表人物的孟子走的是实证主义的道路。

注释

[1] 实证主义是一种重视感官经验、轻视形而上学的哲学思想。

[2] 孟子的生卒还有待考证，大概为公元前379年至公元前294年。《孟子》一书分为7个篇章，体例上类似于《论语》，内容涉及孟子的教诲，以及他和各国君王、诸子、门徒的谈话。

思想家老子

先秦时代的儒家思想带有极度功用化的实证主义特点，尽管盛极一时，但这并不意味着没有其他思想能与之匹敌。那些思想虽然在中国哲学发展过程中从来没有被发扬光大，但发端时已坚若磐石。它们在先进的道路上遭遇了许多险阻，而且其根本特征常常会被遗失。这些缺点或

元赵孟頫书《道德经》

吴道子绘
老子画像

许源自它们的哲学体系。它们是由《道德经》[1]衍生而来的，大致可分为一元论、神秘论、超验主义，以及泛神论。然而，它们的创始人或代表人物并非老子，而是很多早于老子出现的思想先驱[2]，他们的言论记录在《论语》《孟子》《庄子》《列子》，以及《道德经》等典籍中。在我们看来，《道德经》最深远的意义是，老子用一种特立独行的文学形式进行着阐释，而我们透过那些文字既洞察到了中国一元论的发展，又能据此追本溯源。

孔子有曰，老子有云，交替上场，目不暇接。孔子深谙中国人的典型想法，一手抓日常生活实践，一手抓社会道德关系，坚定不移。老子有时候会挣脱中国人的普遍心理，果断追求思辨及创造的崇高境界。从《道德经》的开篇词中，我们可以看出老子学说和孔子学说的不同：

道可道，非常道；名可名，非常名。无名，天地之始，有名，万物之母。故常无，欲以观其妙，常有，欲以观其徼。此两者，同出而异名，同谓之玄，玄之又玄，众妙之门。

老子认为，万事万物的根源是一个人类无法定义、不可理解的存在，那便是“道”。不过，他口中的“道”既是宇宙定律和物质的运动规律，又是最初的原始的混沌体，如《道德经》第25章所说：

有物混成，先天地生。寂兮寥兮，独立而不改，周行而不殆，可以为天下母。

又如第14章：

视之不见名曰夷，听之不闻名曰希，搏之不得名曰微。此三者不可致诘，故混而为一。一者，其上不皦，其下不昧。绳绳不可名，复归于无物，是谓无状之状、无物之象，是谓惚恍。迎之不见其首，随之不见其后。

看起来，老子把“道”设定为宇宙定律，以及创造现世的原初物，如《道德经》第21章所写：

> 道之为物，惟恍惟惚。惚兮恍兮，其中有象；恍兮惚兮，其中有物；窈兮冥兮，其中有精，其精甚真，其中有信，自今及古，其名不去，以阅众甫。

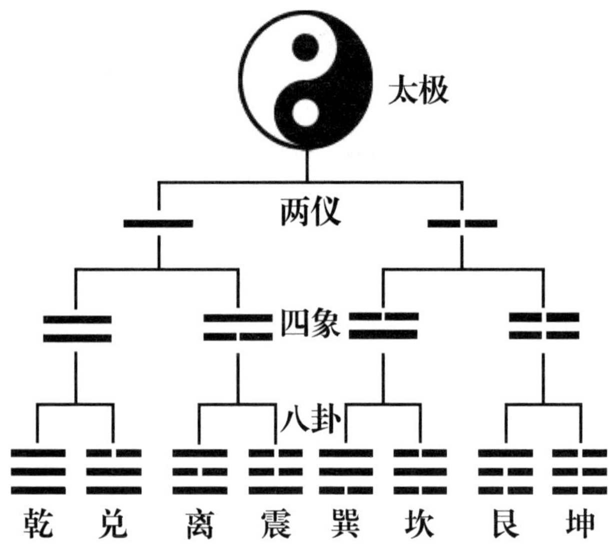

太极

“道”既是宇宙定律，又是物质运动规律，说不清道不明，是人类智慧无法理解的存在；同时它又是创造出大千世界的原初物，具有某种潜在性。“道”是一种不可名状、超越感官的存在，冥冥之中浑然天成。就《道德经》的内容而言，我们可以看出两种完全不同的“道”，不过老子并没有发现自己混淆了这两种概念。第一种“道”属于形而下学。宋代初期的道家学者为了将道家思想中的宇宙论与《易经》中的哲学部分结合起来，将这种“道”化为太极[3]。第二种“道”属于形而上学，在早期传承阶段演化为泛神论及神秘论，后来又推动了宋代儒学性理思辨的发展。不过，不可否认的是，在中国哲学史上，老子是第一位提出一元论的人，而《易经》则是首部阐述二元论的著作。

注释

[1]《道德经》又被称为《五千言》，全文采用碎片化形式，读起来很零散，不像是一部完整的书籍。我们认为可以把它看作格言汇编之类的作品。篇章结构不是老子所创，而是后世之人修编而成的，但具体年代已无从考证。

司马迁在《史记》里说，《道德经》分为两个部分：道经与德经，没有提到章节结构。此后陆续有一些注疏者依照个人看法对《道德经》进行了分章，有55章、64章、68章、72章、81章等不同划分。本书所采用的版本分作81章，并非因为它更易懂，只因为它更普及。

[2]在《道德经》中常常可见“是以圣人云”“古之所谓”之类的文字，不难看出，这些言论都来自道家思想的先驱们。

[3]“太极”这两个字始见于《易经·系辞传》：“易有太极，是生两仪”。当然，此处的“太极”看起来并没有太多形而上色彩，其含义与字面意思相差不大，翻译成英文则是greatlimit。

宋代初期，中国著名思想家周敦颐为“太极”贴上了哲学标签，他在《太极图说》的开篇词中写道：“无极而太极，太极动而生阳，动极而静，静而生阴，静极复动，一动一静，互为其根，分阴分阳，两仪立焉。”

先秦时代的一元论

先秦时代，老子学说的传承者不乏其人，尤其是列子、庄子，以及关尹子，都有著作流传于世。他们推动了《道德经》中那隐秘的一元论、神秘论、唯心主义思想的发展。战国末年是中国人思辨的黄金时代，道家哲学家们的智慧与理性极具深度，其言论气势豪放、挥洒自如、特立独行，后世思想家只能望其项背。

我们首先要谈论的是列子[1]。他提出了与众不同的宇宙论。他认为，人类所处的“可名”的现象世界是从一种“不可名”的绝对存在延伸而来的。他沿用了老子的说法，称那种绝对存在为“道”，或者“谷神”，又或者“玄牝”。他还指出，宇宙是自生自化、自消自息的，

列子像

不以人的意志为转移；无名就是有名，不可知就是可知，所以不必跳出“有名”“可知”的世界，去开创一个相对独立的道的体系。无名的绝对存在演化出五花八门的现象世界，并在阴与阳之中展开自我。

列子说：

> 有太易，有太初，有太始，有太素。太易者，未见气也；太初者，气之始也；太始者，形之始也；太素者，质之始也。气形质具而未相离，故曰浑沦。浑沦者，言万物相浑沦而未相离也。视之不见，听之不闻，循之不得，故曰易也。易无形埒，易变而为一，一变而为七，七变而为九。九变者，穷也，乃复变而为一。一者，形变之始也。清轻者上为天，浊重者下为地，冲和气者为人；故天地含精，万物化生。（《列子·天瑞》）

就上述文字而言，列子在阐释“浑沦”时好像只强调了物质的潜在性。但是，我们在后续的段落里可以看到，他尚未全然放下“道”这一层面——只有这样，“浑沦”才有可能演化，也就是列子所说的“疑独”和“往复”。“不生者疑独，不化者往复”，只有不生，才能永生，只有不化，才能往复。循环往复，不往亦不复，因为它是万物往复之根。复必有往，往必有复，唯有往复“其际不可终”。列子用“无为”指代“道”：

> 生之所生者死矣，而生生者未尝终；形之所形者实矣，而形形者未尝有；声之所声者闻矣，而声声者未尝发；色之所色者彰矣，而色色者未尝显；味之所味者尝矣，而味味者未尝呈；皆无为之职也。（《列子·天瑞》）

世间万物就这样不停地往复下去吗？宇宙时空是不是一直在循环？列子好像很肯定：

> 有生则复于不生，有形则复于无形。不生者，非本不生者也；无形者，非本无形者也。生者，理之必终者也。终者不得不终，亦如生者之不得不生。而欲恒其生，画其终，惑于数也。精神者，天之分；骨骸者，地之分。属天清而散，属地浊而聚。精神离形，各归其真，故谓之鬼。鬼，归也，归其真宅。（《列子·天瑞》）

列子坚定地认为，生死往复是世间无法避免的苦难。

世间并非人们真正的归宿，不过是个临时落脚点罢了。生存于世就像外出旅行，只有通过死亡才能回到彼岸的家。生不一定优于死，死不一定优于生。生死、成败、存在与不存在，冥冥之中皆有定数；世界不断转动着，永恒往复。在永恒往复中，智者处于生的状态，又像处于不生的状态。道家哲学家的个性就是这样。他们从一元论中来，到伦理学中去，诉说着超然物外的态度。

下面这段话选自《列子》，我们可以看出道家哲学在生命与宇宙面前所表现出的超然姿态，这同时还是道家思想中绝对一元论的心理学结论：

> 杞国有人忧天地崩坠，身亡所寄，废寝食者；又有忧彼之所忧者，因往晓之，曰："天，积气耳，亡处亡气。若屈伸呼吸，终日在天中行止，奈何忧崩坠乎？"其人曰："天果积气，日月星宿，不当坠耶？"晓之者曰："日月星宿，亦积气中之有光耀者；只使坠，亦不能有所中伤。"其人曰："奈地坏何？"晓者曰："地积块耳，充塞四虚，亡处亡块。若躇步跐蹈，终日在地上行止，奈何忧其坏？"其人舍然大喜，晓之者亦舍然大喜。长庐子闻而笑曰："虹蜺也，云雾也，风雨也，四时也，此积气之成乎天者也。山岳也，河

海也，金石也，火木也，此积形之成乎地者也。知积气也，知积块也，奚谓不坏？夫天地，空中之一细物，有中之最巨者。难终难穷，此固然矣；难测难识，此固然矣。忧其坏者，诚为大远；言其不坏者，亦为未是。天地不得不坏，则会归于坏。遇其坏时，奚为不忧哉？”子列子闻而笑曰：“言天地坏者亦谬，言天地不坏者亦谬。坏与不坏，吾所不能知也。虽然，彼一也，此一也。故生不知死，死不知生；来不知去，去不知来。坏与不坏，吾何容心哉？”[2]

注释

[1] 列子，名为列御寇。人们一般认为他出生于庄子之前，老子之后，也就是公元前5世纪。他的学生将他的言论编辑成册，取名《列子》。这部典籍共有8篇，我们如今所看到的版本定稿于公元4世纪，由东晋学者张湛编辑作注。我们在这里引用的段落大多出自第一章《天瑞》，因为这一章的内容最能体现列子的本体论观点。

[2] 引文大意如下：

一个杞国人担心天会崩塌，地会凹陷，自己找不到地方藏身，所以食不下咽，夜不能眠。另一个担心他的人像他一样担心这些事情并找到他，解释道："天上聚集的都是气，气到处都是。你看你弯腰的时候要吸气呼气，站直的时候也要吸气呼气，一天到晚都生活在天之中，干吗担心天会塌了呢？"杞国人问："如果天真的是由气的组成的，那么太阳、月亮、星星为什么没掉下来？"来者答道："太阳、月亮和星星都是那团气里的发光体，就算掉下来也无害。"杞国人又问："要是大地凹陷了，又如何是好呢？"来者答道："大地聚集了土，土遍布四方，没有哪块地是没有土的。你看你行走也好，站定也罢，每天都生活在大地上，干吗担心大地会凹陷呢？"杞国人的心里终于安稳了，变得轻松愉悦；来者也终于安心，不再担心这个杞国人。在听闻此事之后，长庐子笑道："无论是虹霓还是云雾，风雨还是四季，无不是天上之气聚集而成；不管是山峦还是海川，金石还是火木，无不是地上的有形之物聚集而成。既然已经知晓，它们是气或土的聚集物，那为何认为它们将一直完好如初呢？天也好，地也罢，虽然在宇宙间很是渺小，但作为有形之物，却已经是最大的了。由此注定，我们很难探究出它们的边界，很难观测并认识它们。担心天崩地裂，的确是极大的谬误，不过认为它们不会崩坏，也是错误的认识。天与地，必定会崩坏，不可能始终完好。真要到了天地崩坏的那一刻，又如何能够不担心呢？”针对这番言论，列子说：“认为天地会崩坏的观点不可能正确，认为天地不会崩坏的观点也不可能正确。它们会不会崩坏，人类哪里能知道。既然如此，就有可能崩坏，也有可能不会崩坏。这就好比活人不可能知道死事，逝者不可能知道人事；来者不知道去者，去者不知道来者。所以我为什么要去纠结天地到底会不会崩坏呢？”

超验主义的出现

庄子所处时代稍晚于老子与列子。在中国哲学史上，道家的庄子可以说是一位难得一见的思想家[1]。相较于老子学说，列子学说或许更加深奥，不过并没有庄子学说那么殊绝。庄子解答的哲学问题大多都是老子提出的；庄子发掘并细化了很多老子提出的一些模糊的理论。无异于老子，庄子也坚信天地是从无名中来的，不过庄子所说的无名比老子的更具抽象性及超验性。我们常说“无”在先，“有”在后，但这里的“无”是相对且有条件的，所以“有无矣，而未能无无也”；然而事实上，“无”是不存在的。所以，太

庄子像

初“无无”所提到的“无”是没有条件的、绝对的（请参阅《庄子 · 齐物论》；庄子十分喜欢研讨精妙的玄学）。

以一元论与方法论为基本特征的老子学说，完全不同于《易经》中的二元论。老子对缔造出多元论的纷乱的现象世界嗤之以鼻。不过，他并没有彻底脱离现象世界，反倒流连其间，追寻宁静致远与“和光同尘”。在庄子看来，现象世界没什么值得留恋的，他的追求是飞升至无垠之地，坠入虚无之境。这就是庄子学说。由此可见，比起老子的理论，庄子的超验主义理念论要激进得多。

在那个时候，中国的哲学论辩此起彼伏，人们困惑不已，无所适从，而庄子也被迫从其忘我的、出神的超验主义中醒了过来。他始终认为，现象世界是不真实的，他甚至表示，无法确定是自己活在蝴蝶的梦境中还是蝴蝶活在自己的梦境中：

> 昔者庄周梦为胡蝶，栩栩然胡蝶也。自喻适志与！不知周也。俄然觉，则蘧蘧然周也。不知周之梦为胡蝶与？胡蝶之梦为周与？（《庄子·齐物论》）

庄子认为，如果说世间万物皆有条件、有限制，那么不同观点之间就必然会存在矛盾，“彼亦一是非，此亦一

庄周梦蝶

是非”。人人皆有独特个性，真理或许就藏在个性之中，只是不同的人会依照自身的内在必然性做出不同的反应。这就好比，当一阵狂风掠过林间时，不同的树木因为自身树洞的不同而发出了不同的声音，或许如潺潺水声，或许如嗖嗖箭声，或许如军令声，或许如虎啸声，不一而足：

> 夫大块噫气，其名为风。是唯无作，作则万窍怒呺。而独不闻之翏翏乎？山林之畏佳，大木百围之窍穴，似鼻，似口，似耳，似枅，似圈，似臼，似洼者，似污者。激者、謞者、叱者、吸者、叫者、譹者、宎者，咬者……（《庄子·齐物论》）

显然，对各方言论进行评判，而后宣布谁说的是真理，难道不是在做无用功吗？

庄子表示，人们没有必要针对人间世事争论不休。天地之间所有事物都具有相对性，也都是受限的，所有定然存在善与恶、正与负、来与往，等等。将一己之见宣扬为人间唯一正道是这世上最无知的事。对于要走的路，人人都有自己的想法，也都有选择权，不是吗？既然你不允许他人否定你的本性，那么他人也有权随性而为。有利于你的事情不一定也有利于他人，反过来也是一样。鸭子的腿虽然很短，但假如有人想将它的腿接长一些，它肯定会难过；仙鹤的腿虽然很长，但假如有人想把它的腿截短一些，它肯定会悲伤（“凫胫虽短，续之则忧。鹤胫虽长，断之则悲。”——《庄子·骈拇》）；西施美丽动人，可当其婀娜身影倒映于水中时，鱼群会受惊散去，而不会留恋观赏。

《庄子·至乐》中有一个凄凉的寓言故事：早年间，鲁国都城城郊处生活着一只海鸟。鲁国统治者认为那是一只神鸟，便命人驾车把海鸟请进了庙堂。为了让它开心，人们不但奉上了美酒，演奏起来了《九韶》，还献上了牛、羊、猪等供品。然而，那只海鸟却整日闷闷不乐，什么都不吃也什么都不喝，只过了三天就一命呜呼了（“昔者海鸟止于鲁郊，鲁侯御而觞之于庙，奏九韶以为乐，具太牢以为膳。鸟乃眩视忧悲，不敢食一脔，不敢饮一杯，三日而死。”）。对此，庄子十分感慨：“此以己养养鸟也，非以鸟养养鸟也。”庄子认为，人生而自由，这是值得尊重的一点，人们拥有自我思考、自我行动的权利。他的终极观点是这样的：各种纷争终会平息，人类的思想分歧，源自人类对宇宙万物的不合理干涉。

然而，人类个体的天性到底源自何处呢？在庄子看来，“道”遍布各处，黑白颠倒的原因是人类没有遵循“道”的发展。个体若能突破偏见，就能按照“道”的方式自由发展，于是人人都能找到自身天性，再也不会针锋相对，口诛笔伐，人类的生命就可以融入无穷尽的“道”。庄子还认为，想找到世间万物的真实性质并不难：首先要挣脱充斥着臆想的无知状态，而在自我中寻找到无处不在的“道”，此后就可以在他人他物身上看到“道”了，因为“道”并不是这里有一个，那里有一个；“道通为一”，在一切事物中，“道”具有同一性，“我”与“万物”同根同源，基于这种同一性，人们不再固执己见，停止了纷争。庄子的理论透着道家思想中的主观化倾向，完全不同于其“劲敌”儒家思想。由此可见，道家思想带有神秘主义的色彩。

到底什么是“道”？我们能不能准确地找出它的特性呢？庄子的说法是这样的：

> 夫道有情有信，无为无形；可传而不可受，可得而不可见；自本自根，未有天地，自古以固存；神鬼神帝[2]，生天生地；在太极之先而不为高，在六极之下而不为深，先天地生而不为久，长于上古而不为老。（《庄子·大宗师》）

人们怎么才能洞悉并定义“道”呢？人类凭借自身智慧能否把握其特性？人们能否对其进行理性的审视，以及符合逻辑的剖析？无异于别的思想家，庄子亦是个神秘主义者，在他看来，“道”已超越了人类智慧所能理解的范畴。在你想要与人讨论它时，它就会离你而去。尽管你我的内心世界有参悟的能力，不过我们在试着表达它时却会发现，在意识边界之内，它早已不知去向。

《庄子·知北游》写道：

> 知（按：智）北游于玄水之上，登隐弅之丘，而适遭无为谓焉。知谓无为谓曰：“予欲有问乎若：何思何虑则知道？何处何服则安道？何从何道则得道？”

三问而无为谓不答也。非不答，不知答也。知不得问，反于白水之南，登狐阕之上，而睹狂屈焉。知以之言也问乎狂屈。狂屈曰："唉！予知之，将语若。中欲言而忘其所欲言。"知不得问，反于帝宫，见黄帝而问焉。黄帝曰："无思无虑始知道，无处无服始安道，无从无道始得道。"知问黄帝曰："我与若知之，彼与彼不知也，其孰是邪？"黄帝曰："彼无为谓真是也，狂屈似之，我与汝终不近也。夫知者不言，言者不知，故圣人行不言之教。道不可致，德不可至。仁可为也，义可亏也，礼相伪也。故曰：'失道而后德，失德而后仁，失仁而后义，失义而后礼。'礼者，道之华而乱之首也。"[3]

注释

[1] 庄子所处时代和孟子大抵相同，大概在公元前 4 世纪末叶。他是中国古代一位卓越的文人，其文论可谓冠绝古代中国文坛。而今我们看到的《庄子》共有“内篇”“外篇”“杂篇”三大部分，总计 33 章。根据《汉书 · 艺文志》的记述，这部典籍理应有 52 篇，也就是说有 19 篇不知所踪。至于这本书是真是假，目前公认的说法是：“内篇”是庄子亲笔撰写的，“外篇”和“杂篇”里则掺杂了许多伪造的篇目。当然，总的来说，那些伪造的篇目也都是庄子学说的延伸。

[2] 庄子不太关心所谓的创世之人（比如上帝），可以说持不可知论。

[3] 引文大意如下：

知来到北边，游历于玄水之畔，登上了隐弅山，并与无为谓不期而遇。知说：“我有些问题想请教一下：如何思考、如何思虑才能参悟道？如何安处、如何行事才能符合道的要求？遵循什么方式才能洞悉道？”他提问数次，然而无为谓都没有给出答案。无为谓不是不愿回答，只是他也不知道答案。知没能从无为谓那里找到答案，于是来到白水南岸，登上狐阕山，求教于狂屈。知问了同样的问题，然而狂屈告诉他说：“哎呀，我倒是知道答案，也很想与你分享，只是话到嘴边却又不知该从何说起。”知依然没能找到答案，于是来到黄帝所在之地，去拜见并请教黄帝。黄帝告诉他：“不用思考，不用思虑才会参悟道，不用安处、不用行事才符合道的要求，不用遵循所谓方式才能洞悉道。”知又问：“我们能明白，可无为谓与狂屈却不能明白，究竟谁才是最正确的呢？”黄帝回答：“无为谓完全正确，狂屈基本正确；我和你则离道很远。明白的人不会讲出来，讲出来的人自然不明白，因此圣人施教不是靠嘴说。道，无法通过言语传播；德，无法通过交谈获得。仁爱是可以施行的，道义是可以付出的，礼仪却是相互间的虚伪。因此，‘在失去道之后，可以得到德；在失去德之后，可以得到仁；在失去仁之后，可以得到义；在失去义之后，可以得到礼。礼，是道的虚假伪装，是乱的罪魁祸首。”

泛神论的神秘内核

在思辨达到这一阶段后，神秘主义便会随之而来。神秘的冥想逐渐取代了智慧的探索与理性的分析。人类的精神世界有一个奇怪特点：心智一直在寻找宇宙的确凿定义，并期望用最通俗鲜明的词汇来进行表达，然而感性的想象力和宗教信仰却在寻求某种身临其境的具体实在的顿悟；思考对象是那么难以捉摸，以至于现实理解力无法把控，同时又一直令人焦虑地存在着，总能浸入我们的内心。心智在某些时候是有优势的，所以人们可以找到确凿的实证主义表达。不过，在日积月累之下，就像思想史在别处所展现出来的状态一样，神秘主义逐渐在哲学中占据了上风，而神秘主义又是泛神论的前奏。关尹子将道家哲学思想中的神秘主义推向了高潮。

司马迁在《史记·老子韩非列传》中写道：

> 老子修道德，其学以自隐无名为务。居周久之，见周之衰，乃遂去。至关，关令尹喜曰："子将隐矣，强为我著书。"于是老子乃著书上下篇，言道德之意五千余言而去，莫知其所终。

如果说老子是听取了关尹子的建议才写就了《道德经》，就说明关尹子与老子应该见过面，所以他理应出生在列子与庄子之前，可是我们现在所看到的与关尹子有关的作品都出现于列庄之后，有的作品还记录有一些关尹子的言论。准确地说，把《关尹子》《庄子》《列子》都归为先秦文献并不合理，但是《关尹子》中的诸多见解都极具道家思想特色，是庄子学说与列子学说的延续和线性发展。

关尹子像

关尹子认为，道是难以捉摸的（"不可思即道"——《关尹子·一宇》），也是说不清道不明的（"不可言即道"——《关尹子·一宇》）。世间万物都从道中而来，不过道本身不属于可为、可致、可测、可分等范畴，“故曰天曰命曰神曰元，合曰道”(《关尹子·一宇》)。“无一物非道”(《关尹子·一宇》)，独一无二的道在一切可能的表达与存在中彰显着自身。

> 一灼之火能烧万物，物亡而火何存；一息之道能冥万物，物亡而道何在。（《关尹子·一宇》）

道就是万物，万物就是道。道可以在我们身上找到，所有事情，以及宇宙间最大的密码就在我们心里。

所以，“人皆可曰天，人皆可曰神，人皆可致命通玄”（《关尹子·一宇》），在汇入大海后，每一滴水都不再与众不同，这就是“万水可合为一水”（《关尹子·四符》）。所以，“惟圣人能敛万有于一息”（《关尹了 五鉴》），“散一息于万有”（《关尹子·五鉴》）。所以事物都会改变，并处在不断变化中，一成不变的只有道，正如水中虽有摇曳的影像，水面却始终风平浪静。只有圣贤之人可以达到这样的清静之道，淡漠地看着世间万物循环往复。

显而易见，《关尹子》中满是大乘佛教思想。在宋代，中国哲学参考了大乘佛教思想，彼时有名的思想家基本上都研究过佛学。所以，最符合事实的解释是：《关尹子》

的作者是一位通晓佛理的道家学者，尤其是因为《汉书·艺文志》里说《关尹子》一共有 9 篇，原来的题目都是周尹喜拟定的，可是该书此后消失了许多年，直到唐宋两代，才重新进入了人们的视线（宋林希逸曰："刘向校雠之时，已自错杂，及典午中原之祸，书又散亡。至江南而复出，所以多有伪书杂乎其间，如《关尹子》亦然，好处尽好，杂处尽杂。"）。除此之外，这本书里的某些专业术语并非先秦时代的用语，而是后来才出现的，譬如"流转""诵咒"，等等。

鉴于道家思想的某些特征，"道家西来说"得到了很多人的认同，在他们看来，唯有这一假说可以解释为何道家哲学和印度哲学会在很多方面不谋而合。甚至有人提出，无论是黄帝还是老子，众多道家贤能都来自婆罗门。这不是我们要讨论的主题，但不可否认的是，佛家思想和道家思想的确在某些方面如出一辙，而第一批来中国弘扬佛法的高僧在翻译佛经的时候，也的确借鉴了很多道家术语。这就是我们说的格义。

在佛教植根下来后，中国人试图把佛教和道家捏合到一起，以建立一个宗教哲学体系。时至今日，在中国受众最多的宗教便是佛教与道家在一定程度上的合体；多神论与因果论来自佛教，修仙论则来自道家。《关尹子》是较早尝试把庄子的泛神论及神秘主义，与印度唯理论结合起来的作品，由此可见，这是一部意义非凡的典籍。

以下段落来自《关尹子》，从中不难看出，其理念已和古代的道家思想有了出入，同时又透露着佛教的自由精神。

> 惟精，在天为寒，在地为水，在人为精。神，在天为热，在地为火，在人为神。魄，在天为燥，在地为金，在人为魄。魂，在天为风，在地为木，在人为魂。惟以我之精，合天地万物之精，譬如万水可合为一水。以我之神，合天地万物之神，譬如万火可合为一火。以我之魄，合天地万物之魄，譬如金之为物，可合异金而镕之为一金。以我之魂，合天地万物之魂，譬如木之为物，可接异木而生之为一木。则天地万物，皆吾精吾神吾魄吾魂，何者死，何者生？（《关尹子·四符》）

> 圣人以知心一，物一，道一。三者又合为一。不以一格不一，不以不一害一。（《关尹子·一宇》）

> 寒暑温凉之变，如瓦石之类，置之火即热，置之

水即寒，呵之即温，吹之即凉。特因外物有去有来，而彼瓦石实无去来。譬如水中之影，有去有来。所谓水者，实无去来。（《关尹子·二柱》）

万物变迁，虽互隐见，气一而已，惟圣人知一而不化。

爪之生，发之长，荣卫之行，无顷刻止。众人皆见之于着，不能见之于微，贤人见之于微，而不能任化。圣人任化，所以无化。（《关尹子·七釜》）

譬如大海，变化亿万蛟鱼，水一而已。我之与物，蓊然蔚然，在大化中，性一而已。知夫性一者，无人无我无死无生。

天下之理，是或化为非，非或化为是，恩或化为仇，仇或化为恩，是以圣人居常虑变。（《关尹子·七釜》）

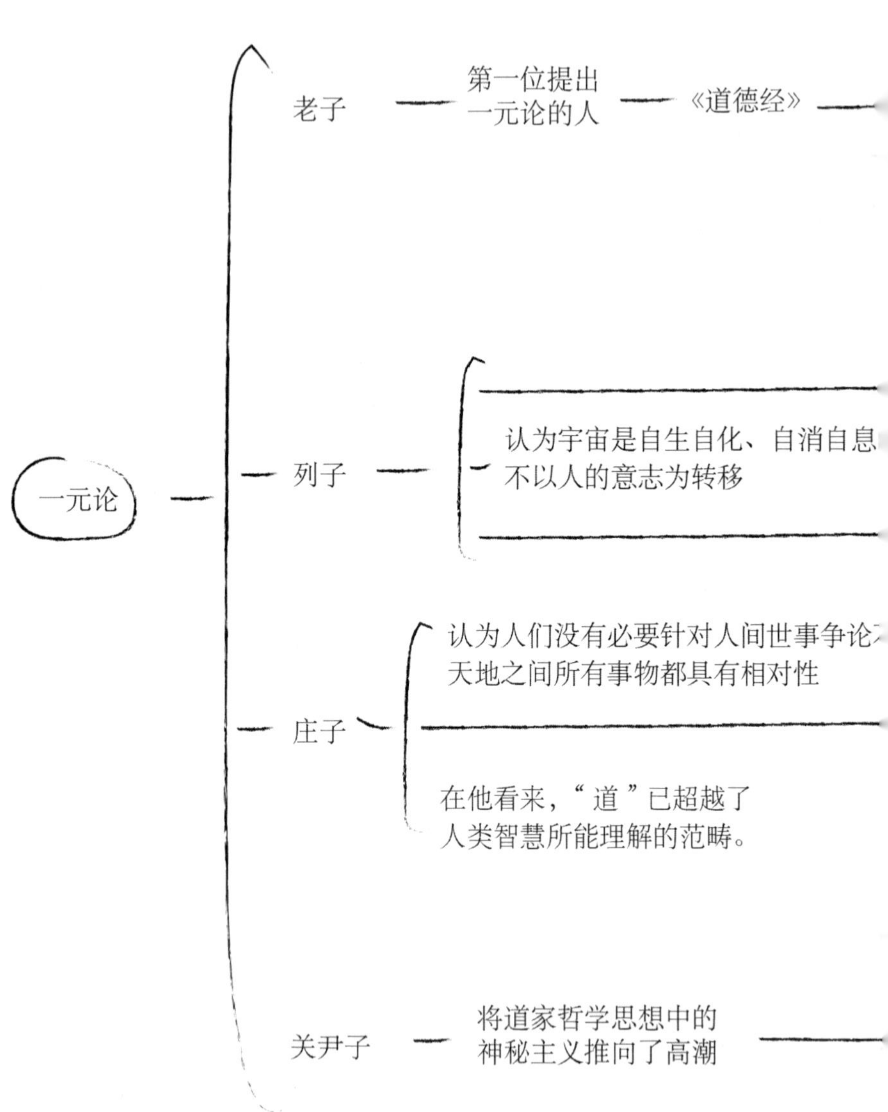
一元论
老子
第一位提出
一元论的人
《道德经》
列子
认为宇宙是自生自化、自消自息
不以人的意志为转移
庄子
认为人们没有必要针对人间世事争论
天地之间所有事物都具有相对性
在他看来，“道”已超越了
人类智慧所能理解的范畴。
关尹子
将道家哲学思想中的
神秘主义推向了高潮

洞察中国一元论的发展

据此追本溯源

万事万物的根源是一个人类无法定义、
不可理解的存在，那便是“道”

“道”即是宇宙定律和物质的运动规律，
又是最初的原始的混沌体

演化出一元论、神秘轮、超验主义、泛神论

认为人类所处的“可名”的现象世界
是从一种“不可名”的绝对存在延伸而来的

认为生死往复是世间无法避免的苦难，
有超然物外的态度

“道”具有同一性，“我”与“万物”同根同源，
基于这种同一性，人们不再固执己见，停止了纷争。
具有主观化倾向，透着神秘主义色彩

道是难以捉摸的

道是说不清道不明的

道就是万物，万物就是道

《关尹子》——
- 是较早尝试把庄子的泛神论及神秘主义，与印度唯理论结合起来的作品
- 书中满是大乘佛教思想

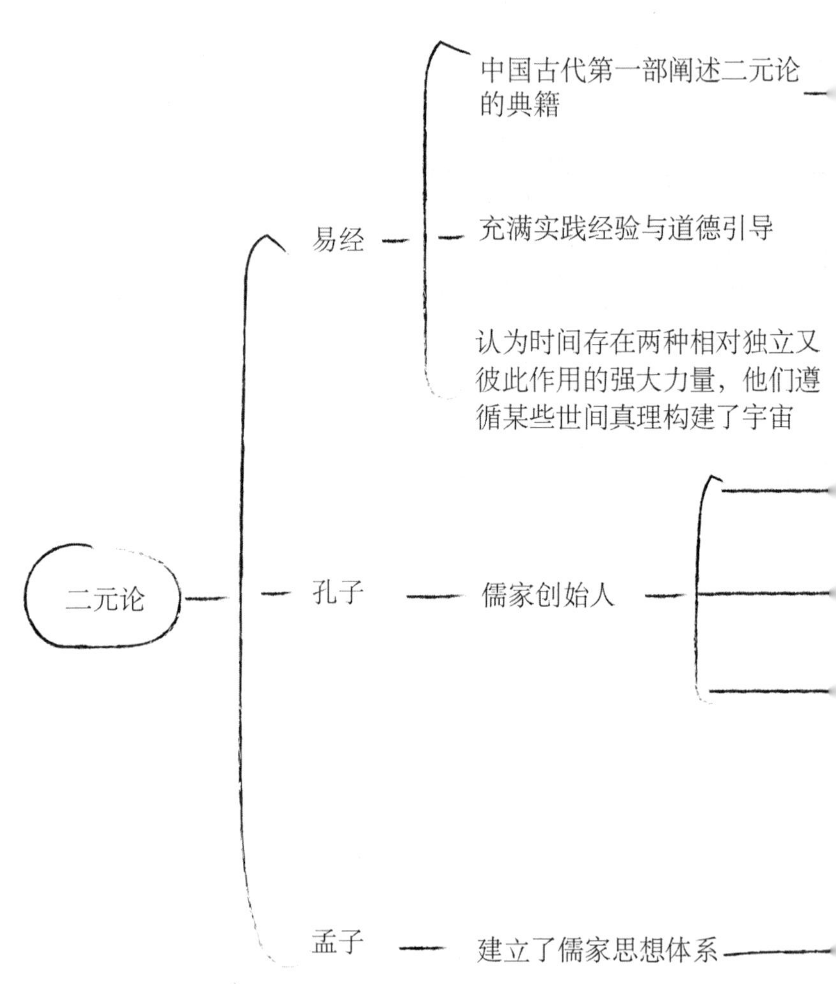

中国古代第一部阐述二元论的典籍
易经
充满实践经验与道德引导
认为时间存在两种相对独立又彼此作用的强大力量，他们遵循某些世间真理构建了宇宙
二元论
孔子
儒家创始人
孟子
建立了儒家思想体系

经一正文

传一解读

— 二元自然观

— 排斥形而上学

— 先秦儒家思想带有极度功用化的实证主义

- 浩然之气
  - 遍及宇宙各个角落的动能，可以激发和促动各种实物的运动
  - 狭义的：只存在于道德领域
- 注重实践和理论
- 不在乎形而上
- 实证主义

第二章

中国人的伦理学

自先秦时代至今，中国思想家耗费心力认真探究的哲学领域只有一个，那就是道德生活。就算是对于大肆宣扬形而上学与神秘主义的道家——道家中人一直在追求某种世外生活，希望能长生不老，飞升上天——而言，情况亦复如是。与之相反，儒家学者竭力要将哲学理论中的微妙推理全部去除，以把儒家思想限定在生活范畴内，并贴上国家、社会、道德的标签。希伯来人是宗教的代言人，希腊人是哲学的代言人，印度人是神秘主义的代言人，而中国人则是实践道德的代言人。中国人笃信，宇宙也好，天地也罢，都体现了道德准则，大化流行中的各个存在以各种方式为人类传授着道德经验。

当然，中国人不认为创世者具有人格，所以他们的思想中没有居高临下命令世人的上帝。他们口中的天、天道、天命，都属于自然法则，是某种定律，并没有被人格化。不遵从天命的人需要承担相应的后果，但原因不是他们触怒了某个高高在上的神明，而是他们违背了命运的安排。他们所说的天，完全是道德概念，不可违逆，不过这一概念好像没有掺杂太多宗教色彩。的道德存在（缺 疑：基督教中也有道德存在），而中国人的道德与西方基督教关系不大。我们从《论语》中完全看不出孔子和他的学生对超自然、超验性的力量产生过宗教形式的追求。若能抵达“无为”之境，便已心满意足，内心平静如水，不再受外物侵扰。中国人完全生活在道德世界里，完全是世俗中人，完全是凡夫俗子。

所以，中国有很多伦理学著作，基本上所有著名的思想家和哲学家都研究过伦理，并针对人生的过程进行过论述；或涉足此领域，对于如何度过一生阐发自己的观点。和哲学不同，在伦理学领域，道家或儒家没能做到一家独

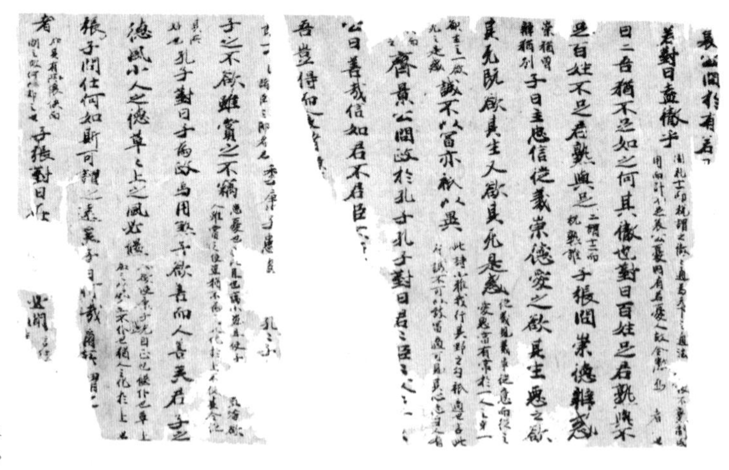

唐抄本《论语》

大。因为这里最起码还有一位优秀的极具开拓精神的思想家，虽然他的名字在几代之后就被人遗忘了，但他的成就足以和孔子、老子相提并论。他就是墨子，他提出了兼爱论。显而易见，倘若有后人能支持并发扬墨家思想，那么墨家思想应该可以发展出一个卓越的思想体系。

儒家思想

我们先来看看儒家思想中的伦理学。在中国，别的学说不管如何影响文化、思维模式，以及社会生活，都无法动摇儒家思想的崇高地位，尤其是在文人士大夫阶层。中国人将孔子视为国师一般的存在，究其缘由，一是因为其日常伦理学基于人之本性，并没有沾染任何神秘主义，或者超自然的色彩，所以在众多哲学家中，经验丰富的中国人偏爱孔子。二是因为这一道德体系是士大夫阶层的专属。了解中国历史的人都知道，对于那些接受过严格教育的中国人而言，人生的一大目标就是走上仕途。他们学习的目的是为官理政，而非道文学，或者尊德性；他们不

孔子像

为获取知识，只为驾驭人民。所以，儒家思想不但建构了一个伦理学体系，还创造了一套具有实用性的政治纲领。对于中国人来说，政治学与伦理学就如同一枚硬币的两面。孔子在活着的时候一度竭力要将自身思想付诸实践，当他发现自身思想并不适用于那个时代时，他索性退而求其次，开始写书立论，并授了三千学生。在孔子去世之后，他的学生们并不只是简单地继承其思想，而是致力于推动其学说的发展。由此可见，孔子不仅是道德领袖，更是政治改革家。于是，在此后的几千年里，儒家思想逐渐发展成统领中国社会的道德规范与政治方针，尤其受到了士大夫阶层的青睐。

想要深入了解儒家思想，就得先理解孔子的人性论。那是孔子学说的理论基础，影响了好几位至为关键的传承人。

关于仁

中国的思想家一般都认为：自然与人类都不是偶然出现的，也不是机缘巧合才存在于世的，宇宙间有一种大道，它引发了人类的行为，以及自然界中的各种现象。思想家们的分歧并不在于“道是否存在”，而是有关道体和道性：

道，到底属于道德范畴，还是形而上范畴？具有实证性，还是先验性？道家思想中的道属于形而上范畴，具有先验性，而儒家思想中的道却属于道德范畴，具有实证性。孔子认为，道就是仁。这一思想是孔子的伦理学观点的基础。

我们很难将中国人口中的“仁”翻译成英文，在广义上，其意为同情（sympathy）、关爱（loving kindness）、友谊（friendly feeling）；更准确的说法是：同胞之间的情感（feeling of fellowship）。

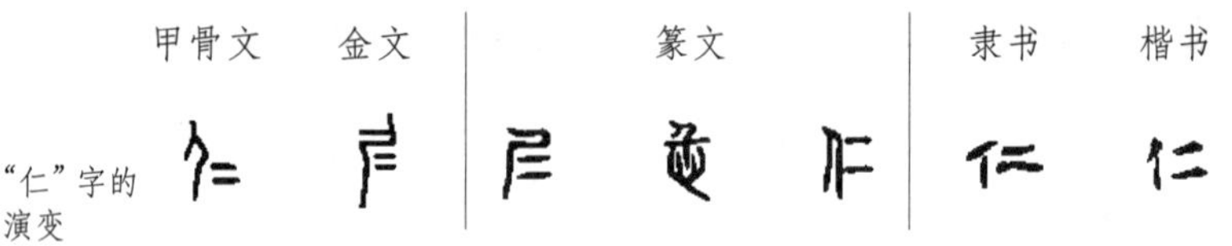

“仁”字的演变

“仁”字的偏旁为“人”，另一部分为“二”字。这是在说，人们一生下来，其内心世界就有仁；在与他人交往的过程中，当关系变得稳固后，仁就会苏醒并彻底释放出来。在孔子看来，人类社会的基础是仁，人类美德的台阶也是仁。仁就是道，是所有社会成员的必经之路。

子曰：“谁能出不由户？何莫由斯道也？”（《论语·雍也》）

谁也无法脱离道生存于世，就像《中庸》的开篇词所提到的：

> 道也者，不可须臾离也；可离，非道也。

所以，仁就是道，道就是仁。

仁可谓是一种完美的推理，譬如“己所不欲，勿施于人”（《论语·颜渊》）；是生而为人的道，也就是人道，正如孔子所说：“夫仁者，己欲立而立人，己欲达而达人。”（《论语·雍也》）仁是人类心中生而有之的利他主义基础，能帮助人们突破狭隘的自私思想，通过否定自我来实现利他本能。在儒家思想中，人性非恶——并非天生就是绝对利己的。儒家不断强调的是，所有人心底皆有利他倾向，这种倾向并非经过修正的利己主义，而是人们固有的本性。

> 所以谓人皆有不忍人之心者，今人乍见孺子将入于井，皆有怵惕恻隐之心——非所以内交于孺子之父母也，非所以要誉于乡党朋友也，非恶其声而然也。（《孟子·公孙丑上》）

叔本华认为伦理学的基础是同情心，类似地，儒家认为其基础是仁。

仁是美德之源。仁作为一种基本的情感，可以和意志、智慧、欲望、冲动等各种因素相结合，然后以各种形式表现出来，这些表现形式就是美德。人类的生存环境瞬息万变，为了适应变化，仁孕育出了各种情感，譬如忠、孝、勇、礼、义、信、智，等等（程颢[1]在《识别篇》中写道："仁者，浑然与物同体，义、礼、智、信皆仁也。"）。孔子曰："吾道一以贯之。"（《论语 · 里仁》）孔子口中的"道"就是仁，这也是多数儒家学者的共识。

儒家主流思想认为，道德原则不外乎两种：其一为仁，或者说利他主义；其二为利己主义（请参阅《孟子 · 滕文公上》）。当人们的情感无法传递到他人那里时，自私的动机便会应运而生；随后，自私思想日益泛滥，与此同时，仁之本性则日益消减，最终导致社会撕裂，人道崩塌，人身为道德存在的基础（raison d'etre）分崩离析，"仁义充塞，而至于率兽食人"（顾炎武《日知录》卷十三）。如《孟子 · 尽心下》所说："仁也者，人也。合而言之，道也。"

朱熹[2]是宋代著名大儒，其《仁说》有云："仁者，心之德，爱之理。"将儒家之仁与道家之仁略作比较，其结果耐人寻味。针对《道德经》第三十八章所说的"上仁为之而无以为也"，韩非子[3]《解老篇》给出的解释是这样的："仁者，谓其中心欣然爱人也。其喜人之有福而恶人之有祸也，生心之所不能已也，非求其报也。"

明郭诩绘朱熹像

值得一提的是，孔子及其学生并没有将仁的意义限定在具有普遍和终极的范畴内，还将其运用到了具体实践中。在他们看来，仁既是人们固有的伦理性情感本能，也是人们在伦理社会里的一种特殊表现形式。《论语》的读者应该都明白，孔子口中的仁是多维度的，所以有的时候很难说清楚它究竟是什么意思。仁是儒家的伦理学观点的核心概念，然而孔子的分析好像也不算透彻，虽然他十分肯定地认为仁是隐藏在德身后的终极原则，如他所说，"吾道一以贯之"。不过，令人难以理解的是，他不仅将仁视为终极原则，还将其应用于具体实践。所以，我们从《论语》中并不能看出仁的清晰定义。

Y.Kaffiyeh 博士著有《孔子研究》一书，并在书中（第

297 页）解释了孔子学说中关于仁的五个维度：一为适宜（prosperity）；二为善念（kindheartedness）；三为仁慈（charity）；四为诚挚（sincerity）、同情（sympathy）；五为无私（或者说自控）。“三达德”也好，“五常”也罢[4]，其中的仁都只有在具体情况下才有清晰含义。

那么，应该怎样培养，以及怎样在生活中运用仁呢？这是儒家思想实践理论的精要之所在，儒家学者认为自身大任就是育仁。孔子坦诚地说，他并没有达到仁的境界（“若圣与仁，则吾岂敢？”《论语·术尔》），所以他那三千学生也不会妄自尊大。孔子在离世之前称自己“七十而从心所欲，不逾矩”（《论语·为政》）。由此可见，他在生命的最后时光里找到了道德准则和生物冲动之间的平衡，已然是仁者了。无论面对什么情况，他总能顿悟出最佳行为，直率、果断、坦诚。不管是消极情绪还是冲动欲念都无法侵扰他了。拥有如此心境之人，可谓圣贤。在中国人眼中，孔子是当之无愧的圣贤。在他身上，处处可见天性；他的言行充满了童真与自在；他一直坚持着中庸之道。

关于敬

我们现在需要面对的问题是：如何才能达到尽善尽美的道德制高点？

依照孔子的观点，敬，或者说恭，正是达到至善人性，实现仁的途径，也是作为道德存在的面对本我时所具有的某种严肃态度。在词源学上，恭的结构是“众”“心”，意为“一同”“合力”，所以它是一种能引发严肃行为的心态。敬，意为自制、自重、庄严。中国人一般会将这两个字结合起来使用，在相互衬托下，词义会更加明确。就单字之义而言，恭更倾向于外在容止，敬更倾向于内在情感。假如内在情感得到了认真的培养与纯化，外在容止也得到了重视，那么以自我为中心的冲动就会日益减少，利他意识会逐渐增强，最终，恭与敬将合二为一。

在儒家思想中，不存在控制人类魂灵的人格化神明。儒家从不依赖于道德范畴之外的任何对象，而是将精力都集中在自我内在，以激发与生俱来的道德的萌芽。他们谨小慎微，生怕心生恶意（不正当的想法，以及各种冲动）。他们不敢有丝毫懈怠，时刻提防着潜在的或蠢蠢欲动的不仁。他们的一举一动都恭敬无比，抵制着心中哪怕一丝一毫的恶意，以及自私的冲动。

在学生仲弓请教该怎么践行仁的时候，孔子告诉他，“出

明吴彬孔子讲学图

门如见大宾，使民如承大祭。己所不欲，勿施于人。在邦无怨，在家无怨”（《论语·颜渊》）。他的意思大体就是：要保持恭敬之心，克制突然出现且不恰当的情绪。作为孔子最得意的门生之一，颜渊也向老师请教过与仁有关的问题，得到的答复是“克己复礼为仁”。颜渊又请孔子讲详细一些，于是孔子说：“非礼勿视，非礼勿听，非礼勿言，非礼勿动。”（《论语·颜渊》）

从这句话中不难看出，儒家育仁的方式是给一切心理冲动留下足够的缓冲时间，这样一来，在初次的冲动过去后，人们就能对心理做出调整，并为第二次冲动的到来做好准备。在经过反复的、全心的、多次的练习后，顽固的、本能的冲动在精神的道德判断过程中消失，所有不正当的想法与情绪也都会消失，“我欲仁斯仁至矣”（《论语·述尔》），仁的方方面面都会得到壮大。

关于诚

想到达仁的境界，首先要做到独自警醒，换句话说，要做到充实于自我，容不得半点虚假，要有勇气面对自己真实的内心世界。《大学》[5] 第七章中写道：

> 所谓诚其意者，毋自欺也。如恶恶臭，如好好色，此之谓自谦。故君子必慎其独也[6]。小人闲居为不善，无所不至，见君子而后厌然，掩其不善，而著其善。
>
> 人之视己，如见其肺肝然，则何益矣。此谓诚于中，形于外，故君子必慎其独也。

《中庸》[7] 也提到过：

> 道也者，不可须臾离也；可离，非道也。是故君子戒慎乎其所不睹，恐惧乎其所不闻。莫见乎隐，莫显乎微。故君子慎其独也。

独处时，不正当的情绪与想法最易滋生。所以，在没有他人相伴时，更要注意克制恐惧，监督自我。想要忠实自我，克制不仁，这个方法颇为有效，就像《中庸》中写的那样：

> 诚者，天之道也。诚之者，人之道也。诚者，不勉而中，不思而得，从容中道，圣人也。诚之者，择善而固执之者也。

于是，仁自然而然地和诚相通了，而怎样才能做到诚，则是继承儒家思想的后人争论不止的一个话题。

于是，以仁为出发点，儒家又发展出了一个与诚有关的学说。这似乎是自然而然的事情：承认人类本性中带有利他冲动，承认利他冲动在经过系统训练后能形成某种不变的、统治性的道德情感，而这种训练还练就了对自身道德的习惯性忠诚。因为注重实践，

子思像
相传为《中庸》的作者

所以儒家的思想倾向大体如下：在没有旁人的时候，种种外力皆在消融，此时更要好好观察自己的内心世界，抵制自满自傲。通过观察，道德尊严感将油然而生，并自然而然地引起对诚的追求。经由诚的训练，人的道德价值得到了肯定，利他冲动得到了发展，而自我将受到合理限制。

所以，换个角度说，《中庸》发展了与诚有关的理论体系，也就是“中庸之道”。就综合能力而言，《中庸》的作者甚至比其先祖孔子还要强，他十分全面地阐释了中庸之道。我们不妨来看看《中庸》里的几个段落：

> 自诚明，谓之性；自明诚，谓之教。诚则明矣；明则诚矣。（第二十一章）

> 唯天下至诚，为能尽其性。能尽其性，则能尽人之性。能尽人之性，则能尽物之性。能尽物之性，则可以赞天地之化育。可以赞天地之化育，则可以与天地参矣。（第二十二章）

> 诚者自成也，而道自道也。诚者，物之终始。不诚无物。是故君子诚之为贵。诚者，非自成己而已也。所以成物也。成己，仁也。成物，知也。性之德也，

合外内之道也，故时措之宜也。（第二十五章）

故至诚无息。……天地之道，可一言而尽也。其为物不贰，则其生物不测。天地之道，博也、厚也、高也、明也、悠也、久也。（第二十六章）

在上述段落中，道和诚合二为一，诚孕育了万物及其个性。“不诚无物”，就不会有丝毫变化。诚是真理，无休无止，并演化为人的本质。德从诚中来，诚是德之根本[8]，因为诚就是人的本质，就是人性。

在本节行将搁笔时，有一点值得一提：西方哲人康德的道德箴言“就这样做吧，你的原则将化身普世法则”，竟然能够在中国先秦时代的儒家经典《中庸》中找到弥合之音。世间万物都得遵循周流六虚[9]这一普世法则，站在主观角度来看，它们都是诚。身为拥有智慧的道德存在，人类也必须依律行事，忠实于自我，并倾听内心或理性或利他的声音，而这些声音就是宇宙间的诚，是不得不遵守的法则。

“是故君子动而世为天下道，行而世为天下法，言而世为天下则。远之，则有望；近之，则不厌。”

为什么？因为：

“君子之道，本诸身，徵诸庶民。考诸三王而不缪，建诸天地而不悖。质诸鬼神而无疑。百世以俟圣人而不惑。”（《中庸·第二十九章》）

注释

[1] 程颢，1032年至1085年，其思想精要尽在《尽性书》《识仁篇》这两部典籍中。他的弟弟名叫程颐，也是宋代新儒家的代表之一。兄弟二人被世人合称为“二程”。

[2] 朱熹，1130年至1200年，儒家经典注疏家。他传承了“二程”的思想，著论颇丰，尤其是《四书章句集注》，被后世之人视为正统儒学。不认同朱熹学说的也大有人在，尤其是南宋的陆九渊（1140年至1192年）和明代的王阳明（1472年至1529年）。

[3] 韩非子，卒于公元前233年，师承荀子，主研律法，著有《韩非子》。《韩非子》一书共有55篇，包括许多剖析老子学说的篇目，譬如《解老》《喻老》等。他的伦理学观点游离于儒家与道家之外。

[4] “三达德”指的是智、仁、勇（《中庸》中提到，“智、仁、勇三者，天下之达德也”）；“五常”指的是仁、义、礼、智、信。

[5]《大学》本是《礼记》的一部分，后被南宋大儒朱熹列为最重要的四部儒家经典之一。这四部典籍分为是《论语》《孟子》《大学》《中庸》，统称为“四书”。在此前的儒家思想体系中并没有“四书”这种说法。

[6] 瑞典著名哲学家、神秘学家伊曼纽·斯威登堡（Emanuel Swedenborg）在18世纪时曾谈到过死后世界，有趣的是，他是这么说的：“在灵魂世界里，人想的、要的是一套，说的、做的却是另一套。在那个地方，人人都是理想中的自我，必须忠实于内心并表

现出来。”（*Haven and Hell*, 第 498 节）在世俗里，人们大多戴着面具，不愿将真实情感外露，相互之间不知本性。独自一人的时候，可以摘下面具，看清自我。在斯威登堡看来，人们其实很难洞察到自己心中最本真的冲动。所以，儒家认为，独处时能看到最真实的自己，要特别关注并监督内心世界，找到其本真——也就是自我，就像伊曼纽·斯威登堡所说的那样：“人人皆是一己挚爱。”（*Heaven and Hell*，第 58 节）

[7]《中庸》是“四书”之一，人们普遍认为它是子思的作品；孔伋，字子思，是孔子之孙、孟子之师。

[8]《论语》有载，子曰：“予欲无言。”其得意门生子贡问：“子如不言，则小子何述焉？”孔子反问：“天何言哉？四时行焉，百物生焉，天何言哉？”真理存在于天地之间，难以捉摸却一刻不停地运行着。深入内心世界，将它们找出来，而后虔诚地听从于他们。这是极具儒家思想特色的常识直觉主义。

[9] 源自《易经》卦气论，指的是在天虚空阴阳六次演变成象。

思想家孟子

在先秦时代，儒家思想被孟子推向了高潮。孟子是继孔子之后最杰出的儒家代表。事实上，若非孟子挺身而出为儒家思想争得了一席之地，那么儒家思想的光芒很可能在中国思想漫长的发展历程中渐渐淡去。

孟子是战国时期的思想家，除他之外，这个时期还出现了其他很多具有开创性的思想家，因此各类学说层出不穷，而儒家不过是其中之一罢了[1]。幸而有孟子这般优秀的继承者出现，儒家思想才会如此顺利地发展壮大。不仅如此，孔子的地位也是孟子奠定的，他表示“自有生民以来，未有孔子也。”（《孟子·公孙丑上》）孟子之于儒家思想的意义，类似于庄子之于老子学说的意义；在很多层

孟子像

面上，孟子和庄子都是各自学派独一无二的代表人物[2]。孟子对儒家思想的最大贡献莫过于“性本善”理论。“人之初，性本善”，是仁与诚自然结合后的成果。这一理论认为，利他（也就是孔子学说中的仁）是人的本能之一，是与生俱来的；通过培养敬与诚，人可以克服一切以自我为中心的、堕落的冲动和欲念，从而将利他本能发扬光大。这一理论还认为，无论是斗转星移，还是四季变换，抑或是世间万物的生长与变化，无不有赖于诚（《中庸》对此进行了详尽的阐释）；不仅如此，聚合万物并促进和谐共生的自然法则与道德法则也有赖于诚。

接下来，我们需要面对的问题是：“什么是诚？”

作为一名秉持道德主义的实践家，孟子在分析上述问题时没有将自己限定在形而上学领域。他的设定并不是宇宙中存在着某种精神，可以指引万事万物沿着本性中善的方向去发展。他的想法其实是这样的：如果说诚创造了自然界及人类社会的秩序，那么它的意思就应该是善良（goodness）与和谐（harmony）。因为人本诚，所以性本善。若非如此，人的内心怎么会生出善来呢？诚于本性，又怎么能成为道德高地呢？人性本善，究其原因，善是无法无中生有的。正如《孟子 · 离娄上》所说：

诚身有道：不明乎善，不诚其身矣。是故诚者，天之道也；思诚者，人之道也。至诚而不动者，未之有也；不诚，未有能动者也。

在孟子看来，人性本善，就像水注定会向下流去，就像杞柳条从来都是柔韧的，没有人能改变。

告子[3]曰："性犹湍水也，决诸东方则东流，决诸西方则西流。人性之无分于善不善也，犹水之无分于东西也。"孟子曰："水信无分于东西。无分于上下乎？人性之善也，犹水之就下也。人无有不善，水无有不下。今夫水，搏而跃之，可使过颡；激而行之，可使在山。是岂水之性哉？其势则然也。人之可使为不善，其性亦犹是也。"（《孟子·告子上》）

在同一章节的后文中，孟子对善的具体形式做出了详解：

乃若其情，则可以为善矣，乃所谓善也。若夫为不善，非才之罪也。恻隐之心，人皆有之；羞恶之心，人皆有之；恭敬之心，人皆有之；是非之心，人皆有之。

恻隐之心，仁也；羞恶之心，义也；恭敬之心，礼也；是非之心，智也。仁义礼智，非由外铄我也，我固有之也，弗思耳矣。

《公孙丑上》补充说：

由是观之，无恻隐之心，非人也；无羞恶之心，非人也；无辞让之心，非人也；无是非之心，非人也。恻隐之心，仁之端也；羞恶之心，义之端也；辞让之心，礼之端也；是非之心，智之端也。人之有是四端也，犹其有四体也。有是四端而自谓不能者，自贼者也；谓其君不能者，贼其君者也。

善由仁、义、礼、智构成，在这四个方面中，孟子将仁、义视为根本，并在《告子上》中写道：

仁，人心也；义，人路也。舍其路而弗由，放其心而不知求，哀哉！

在《尽心上》一文中，王子垫曾问孟子“士何事”，孟子回复“尚志”；王子垫又问“何谓尚志”，孟子回答：

> 仁义而已矣。杀一无罪，非仁也；非其有而取之，非义也。居恶在？仁是也；路恶在？义是也。居仁由义，大人之事备矣。

孟子在《尽心下》中再次声明：

> 人皆有所不忍，达之于其所忍，仁也；人皆有所不为，达之于其所为，义也。

由此可见，孟子所提出的两大根本道德情感，也就是仁和义，其实是从孔子学说中的仁分化出来的两个部分，或者说两个方面。孟子口中的仁其实是孔子之仁的情感部分，或者说审美方面，义其实是孔子之仁的意志部分，或者说伦理方面。仁是一种爱、一种慈悲，以及一种极具主观色彩的情感；义是一种责任，一种道德范畴内的“应然”，以及一种针对他人的客观考量。仁发扬了利他本能，义克制了自我意识；仁与义显然是相辅相成的关系。正如《告子上》所云，“仁，人心也”，仁是人们要找的归宿，“义，人路也”，是人们应选的道路；《尽心下》还提到，仁要求人们不去想不该想的，义要求人们不去做不该做的。

孟子对孔子学说中那模糊的仁的概念进行了剖析与阐释，自此之后，孔子学说逐渐演变为我们所熟知的儒家思想。这就是说，儒家的伦理学是从与仁有关的理论衍生而来的，仁存在于人心，是所有社会性动物与生俱来，且能通过人际交往发展出团结意识的本性。它是一种根本的道德情感，尽管一开始在人心中微不足道，不过可以通过独处或社交时始终如一的警醒的修养功夫，逐渐扩大并最终有所成就。人们想要时刻洞察内心世界，必须先培养起一种敬畏感——敬畏作为道德存在的自我人格。那些不懂得尊重自己伦理身份的人无异于低等动物。这也就是说，敬畏自我相当于遵从本心，不仅是善，更突破了自我利益。

假如人性本非善，那么忠实于自我就等于毫无顾忌的利己，高高在上的道德法则将彻底消失，只剩下毫无遮掩的动物性。或许也会有人因此而欢呼雀跃："身为魔鬼的儿子，我要像魔鬼一样生活。"这样的诚，显然不符合以仁为核心的儒家思想的要求，所以孟子才会反复提到"人性本善"。在儒家的伦理学观点的发展进程中，这是应该出现的要义。孟子并未就此止步，他还为人这一道德存在提供了其他属性：义、礼、智。在他看来，仁、义、礼、智是人类身上所具有的四种最基本的德性，人们要做的是充实和扩展内心世界里的仁、义、礼、智，以实现道德人格，并借此成就，为人类做出贡献。

就某种角度而言，儒家思想可以说是中国哲学或中国伦理学的代名词，尽管如此，在中国历史上，特别是在先秦时代，我们还能看到许多足以比肩儒家思想的伦理学说。我们将在下一章对老子，以及道家的伦理学观点做一番讲解；儒道两家在各方面针锋相对的辩论仿佛一直都没有停止过。

注释

[1]《孟子·滕文公下》有写：“圣王不作，诸侯放恣，处士横议，杨朱、墨翟之言盈天下。天下之言，不归杨，则归墨。杨氏为我，是无君也；墨氏兼爱，是无父也。无父无君，是禽兽也。公明仪曰：‘庖有肥肉，厩有肥马，民有饥色，野有饿莩，此率兽而食人也。’杨墨之道不息，孔子之道不著，是邪说诬民，充塞仁义也。仁义充塞，则率兽食人，人将相食。吾为此惧，闲先圣之道，距杨墨，放淫辞，邪说者不得作。”

[2] 在对比阅读了《孟子》和《庄子》这两部典籍后，我们可以逐渐勾勒出孟子和庄子的人物形象。孟子向来不怒自威，言行从容，天下为公。

相对而言，庄子在各方面都很随意，一举一动都依从内心所想。他们都是极为聪慧的人，然而个性却截然不同；他们都擅长论辩，似乎是天赋异禀；他们同处一个时代、一个国度，却一直没有见过面。

[3] 告子亦是一位哲学家，和孟子处于同一时代，曾和孟子就人性问题做过激烈讨论，不过没有传世典籍。

道家哲学

关于无为

相较于儒家思想，道家思想更倾向于形而上，不太重视道德主义。道家的伦理学不仅是消极的，而且属于自我中心主义。这是因为其处世准则一直是在清净之中享受人生的充实感与欢愉感，不被世间琐事纠缠，时刻都冥想着天地间的永恒与绝对，不去关心所谓的无常和纷扰。他们从不会强求他人接受自身意志，由此可见，道家思想是无私的。事实上，他们尊崇“不争之德”——并非想造福于全人类，只是想让自己开心和安稳。那些随心所欲、为达目的而无视他人的人，终须承担后果，会被自我中心主义吞没，毕竟，自我中心主义可以像回飞镖一样反噬道德，正如《老子 · 第七章》所写：

圣人后其身而身先，外其身而身存，非以其无私邪？故能成其私。

这句话体现了道家的伦理学观点的精要。

虽说道家思想带有消极的自我中心主义，不过这并不意味着道家中人是为物欲所控的自我中心主义者。事实正好相反，他们是离群索居者，只求清净之境。他们不看重他人利益，所以也不会牺牲自我。他们对这个世界上没有欲求，对那来去匆匆的虚名与浮华毫不在意。他们在意的是自身生命的长度，换句话说就是这辈子能活多久，而非修炼成仙。老子、庄子以及列子，都对此进行过详述。他们的领悟是：这一世的人生其实是当下某种形式的道（绝对存在），所以不必执着于死后能永恒存在。

可是，道家思想到了后期逐渐放弃了对生死谜题的探索，

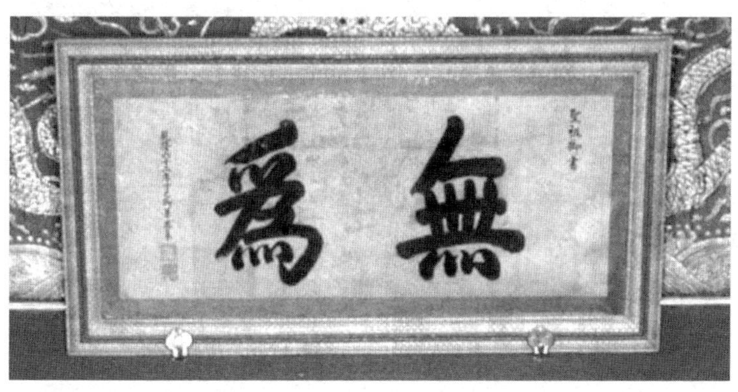

乾隆御笔无为匾额

所以产生了一种不科学的长生观。甚至有道家中人声称自己寻得了长生灵药，并说秘方来自老子，是世代相传于学道者的。这也是为什么道家思想的迷信色彩会越来越浓重的原因。

无为，是道家自我中心主义的根基，其英文通常写作non–action，但是在很多时候更接近non—assertion之意。所谓无为，并非什么都不做，或者无事可做，而是不对他人生活产生影响，以及在自我跟随大道内在指引付诸各种行动时，不对自我产生影响。

是以圣人处无为之事，行不言之教，万物作焉而不辞。生而不有，为而不恃，切成而弗居。（《道德经·第二章》）

为者败之，执者失之。是以圣人无为，故无败，无执故无失。民之从事，常于几成而败之。慎终如始，则无败事。是以圣人欲不欲，不贵难得之货，学不学，复众人之所过，以辅万物之自然而不敢为。（《道德经·第六十四章》）

《列子》为我们阐述了，人在达到“无为”——道家哲学的修炼目标——境界后的主观状态。只要能参透《列子·黄帝》中的下述文字，便能想象出“无为”境里的“本地风光”：

> 列子师老商氏，友伯高子，进二子之道，乘风而归。尹生闻之，从列子居，数月不省舍。因间请蕲其术者，十反而十不告。尹生怼而请辞，列子又不命。尹生退，数月，意不已，又往从之。列子曰：“汝何去来之频？”尹生曰：“曩章戴有请于子，子不我告，固有憾于子。今复脱然，是以又来。”列子曰：“曩吾以汝为达，今汝之鄙至此乎。姬！将告汝所学于夫子者矣。自吾之事夫子友若人也，三年之后，心不敢念是非，口不敢言利害，始得夫子一眄而已。五年之后，心庚念是非，口庚言利害，夫子始一解颜而笑。七年之后，从心之所念，念庚无是非；从口之所言，庚无利害，夫子始一引吾并席而坐。九年之后，横心之所念，横口之所言，亦不知我之是非利害欤，亦不知彼之是非利害欤；亦不知夫子之为我师，若人之为我友：内外进矣。而后眼如耳，耳如鼻，鼻如口，无不同也。心凝形释，骨肉都融；不觉形之所倚，足之所履，随风东西，犹木叶干壳。
>
> 竟不知风乘我邪？我乘风乎？今女居先生之门，

曾未浃时，而怼憾者再三。女之片体将气所不受，汝之一节将地所不载。履虚乘风，其可几乎？”（《列子·黄帝》）

这就是道家思想所追寻的道德境界：主观状态独立于一切人为设定的规则与限制，融入了先验的大道，也就是无为。但是，这种学说常常会误入消极、被动的路径，成为性质“阴柔”的伦理学，倾向于顺服、退让，甚至冷漠，尽管老子认为弱势、顺服、不争等德性并非最终目标，只是保护自我及肯定自我的方式之一，“无为以至于无不为”。

用兵有言：吾不敢为主，而为客；不敢进寸，而退尺。（《道德经·第六十九章》）

人之生也柔弱，其死也坚强。草木之生也柔脆，其死也枯槁。故坚强者死之徒，柔弱者生之徒。是以兵强则不胜，木强则兵。强大处下，柔弱处上。（《道德经·第七十六章》）

老子在《道德经·第七十八章》中说：

天下莫柔弱于水，而攻坚强者莫之能胜，以其无以易之。弱之胜强，柔之胜刚，天下莫不知，莫能行。

老子学说很是强调被动、消极的自我主义，尽管如此，其思想依然不乏闪光之处，就像基督教和佛教一样。关于这一点，我们可以从以下段落窥知一二：

圣人无常心，以百姓心为心。善者，吾善之；不善者，吾亦善之，德善。信者，吾信之；不信者，吾亦信之，德信。（《道德经·第四十九章》）

报怨以德[1]。（《道德经·第六十三章》）

我有三宝，持而保之：一曰慈，二曰俭，三曰不敢为天下先。（《道德经·第六十七章》）

关于无政府主义

在积极的眼光下，老子学说中的消极伦理学应该是这样的：让世间万物沿着自己的道路走下去，不要用外力强行干扰。物质的内在有下坠之势；人类的内心有遵从大道——大道存在于人们的心中——的冲动。所以，应该让人们施展天性，不应该设下不必要的规则和限制。一旦受制于外，无论何种事物都会迷失其自然本性，正如老子所言：

法令滋彰，盗贼多有。（《道德经·第五十七章》）

《道德经》第十八章写道：

大道废，有仁义；智慧出，有大伪；六亲不和，有孝慈；国家昏乱，有忠臣。

庄子的观点亦复如是：

故绝圣弃知，大盗乃止；擲玉毁珠，小盗不起。（《庄子·胠箧》）

上述铿锵有力的言论富有浓厚的无政府主义色彩。实际上，无政府主义正是道家的伦理学观点的根本，当然，这并不代表着混乱。在先秦时代，推崇道家形而上学的人都秉持着“不干涉”原则。他们想让文明回到最初的原始阶段，国家没那么大，人口没那么多，也不用备受各种规律的叨扰。人人都享有不受约束的自由权利，同时没有人以自由之名伤害他人利益。可事实上，生活在远古时期的人类从来没有经历过这样的和谐阶段，相反，各个部落之间，以及部落内部充满了残忍严酷的争斗。无异于某些别的学派，道家理想化地认为史前文明的核心是和平共生与安居乐业。他们偶尔也会针对某方面问题提出质疑，不过总体上还是对这类质疑不屑一顾，坚持着自身的“原初”理想和憧憬。于是，这种无政府状态便成了社会及其成员的终极目标。

《庄子 · 应帝王》中有这样一个寓言故事，它让我们得以了解道家的伦理学观点中所说的无为：

> 南海之帝为倏，北海之帝为忽，中央之帝为浑沌。倏与忽时相与遇于浑沌之地，浑沌待之甚善。倏与忽谋报浑沌之德，曰：“人皆有七窍以视听食息，此独无有，尝试凿之。”日凿一窍，七日而浑沌死。

浑沌真是悲惨啊！假如倏和忽不去打搅浑沌的生活，任其留在无别、无分，从而无为的浑沌之地——这同时亦是浑沌存在的原因，浑沌一定会活得好好的。凿窍（干涉）虽是好心，却毫无必要，还害得浑沌丢了性命。

道家的伦理学观点无疑是一种避世哲学，但因为它诞生在中国，所以定然具有一定的实用性。准确地说，它总是被用于政治，或者说治理国家。或许有人会说，道家的伦理学观点理应不会受制于政治，因为政治是人为制造的事物，而人造物又是道家不屑一顾的。然而，对于中国的各个早期哲学流派而言，学说的功用性是不容忽视的，道家也这么认为。实际上，学说的价值取决于人——既具有独立性，又具有社会性——在生活中对学说效果的验证。

道家思想中的治国方策是“无为”学说的直接应用，属于放任主义（1aissezfaire）的一种：赋予人民自由之权利；削减不必要的律法；尽量不干涉人民的自由发展；在必要的情况下，帮助人们摆脱人为造成的机巧、华饰、邪念，使社会回归朴实的原始状态。老子认为，这样的治国方针可以让社会变得像远古时期那样抱朴见素、和谐稳定。人民得到了满足，社会就会变得朴质且自然。随着岁月的流逝，人们平静地向终点走去。“鸡犬之声相闻，民至老死不相往来。”世间万物最为和谐的状态正是如此，大道流行，生生不息。（请参阅《道德经 · 第八十章》）

以下段落引自《列子 · 黄帝》，我们从中可以看出道家的理想境界：

> [黄帝]昼寝而梦，游于华胥氏之国。华胥氏之国在弇州之西，台州之北，不知斯齐国几千万里；盖非舟车足力之所及，神游而已。其国无帅长，自然而已。其民无嗜欲，自然而已。不知乐生，不知恶死，故无夭殇；不知亲己，不知疏物，故无爱憎；不知背逆，不知向顺，故无利害：都无所爱惜，都无所畏忌。入水不溺，入火不热。斫挞无伤痛，指擿无痒。乘空如履实，寝虚若处床。云雾不硋其视，雷霆不乱其听，美恶不滑其心，山谷不踬其步，神行而已。

由此可见，老子的伦理学观点与孔子的大相径庭。至于原因，有汉学家认为是不同的气候所致：孔子是典型的中国北方人，讲秩序、有活力、勤奋上进，而老子则是典型的中国南方人，热爱自由、悠闲自在、充满想象力。因为气候寒冷，环境恶劣，所以北方人不得不和大自然作斗争，而坚持放任主义无异于自掘坟墓。南方的情况大不同于北方，南方人并不觉得大自然有多么严苛，所以也不会去对抗。南方气候温润，自然环境优越，人们无须艰苦劳作便能获得许多自然资源。所以，对待大自然的最佳态度就是无为。

就这个角度而言，孔子学说代表了北方哲学，老子学说则代表了南方哲学。在中国哲学史上，这两大体系一直是竞争对手；道家获得了佛教的支持，引入了许多坊间迷信，而儒家则植根于中国的本位主义，其本土性越来越突出。

关于为己主义

在先秦时代，最强势的为己主义者莫过于杨朱（又名杨子，或者阳子居）。他的言论盛极一时，对儒家造成了很大威胁。儒家若不是出了孟子这么一位优秀人才，恐怕会被杨朱拖入十分尴尬的境地。杨朱学说描述了道家的消极自我主义退化后的样子。杨朱绝非严格意义上的哲学家，而是位我行我素之人。或许是因为在政治上失去了希望，所以他的学说受到了悲观本性的极端影响。他的观点并没有经过深思熟虑，只是一种

杨朱像

陷入绝境后的发泄，完全没有体系。

然而，人们对这种“异端邪说”颇为宽容，甚至很是欢迎；由此可见，在那个时代，中国人的思想具有开放性和多样性，对各种新观点喜闻乐见。除了先秦时代，杨朱一类的思想家恐怕再难出现。如果是在数百年后，这样的学说只会被历史的洪流吞没。

杨朱并没有传世之作，或许也曾有著作问世，但没能流传下来。关于他的经历与思想，散见于《列子》《孟子》《庄子》《韩非子》等典籍[2]。我们由此而知，他生活的年代和老子大致相同，不过他要出生得稍晚一些。他应该请教过老子，就像孔子一样。基于老子学说，杨朱提炼出了为己主义理论，这两种思想在某些方面特质相通。然而，在老子的伦理学观点中，追求清净的消极倾向占据了上风；而在杨朱的理论中，极端的自我主义更占优势。

杨朱学说和道家思想一样不提倡禁欲。虽然他没有宣扬享乐或纵欲，但是处处遭人误解。我们找不到任何证据能够证明他生性放荡，事实上，他是位隐士，对红尘深恶痛绝。另外，他还是位讽刺家。从这个层面上来看，杨朱本人及其学说并没有如儒家所说的那般粗俗下流。

杨朱所提出的自我主义的核心法则是：消极应对那些压制自然冲动的精巧的人为限制；积极回归原初状态，尽情释放情绪和感受生命[3]。所以，在杨朱眼中，儒家的仁义学说无疑不利于人性的自然发展。生命的意义不在于流芳百世，而在于释放天性，所以不必将自身禁锢于儒家思想那强大的道德体系中。

人的一生，转瞬即逝，纵然短暂，却满是各种牵挂与忧愁。想来前后不过百年，若除去年幼时光和晚年岁月，剩下的人生就只有一半了，再除去睡眠时间，最后仅剩1/4而已。这1/4人生到底融合了多少喜怒哀乐呢？或许很少，毕竟我们的生命中夹杂着许多不必要的事物。因为欲念，人们的体力在消减；因为社会性，道德素朴性被排斥；因为偏见，自然情感的表达受到了束缚；因为法律规范，我们的行动不再自由。困难重重，如坐针毡，我们终究无法轻松面对仅剩的这点人生。所以，在杨朱看来，人们应该抛弃所有不必要的外在束缚，让人生变得尽情尽兴，自由自在。古人早已洞察到生命短暂，不可虚度的道理。在淳朴内心的指引下，他们只想保护自身本能；他们不为尘世牵绊，不愿让天性受到人造物的影响，变得扭曲或遭到毒害；他们从来不在乎政治、野心、财富、欲望等凡尘俗世[4]。这种自暴自弃、冷漠、超脱的学说和老子学说有几分相似。不过，身为隐者的杨朱的确不反对寻求声色犬马，或者说感官刺激。他是绝对的自我主义者，对身边人漠不关心，对求助者冷眼相待。他一点也不关心他人，是彻头彻尾的独行者，拒人于千里之外。他甚至看不起尧舜禹、周公、孔子等世间典范和先贤。杨朱认为，这些人是为了当世功名及后世口碑而破坏天性的恶人。他反其道而行之，推崇残暴的桀纣，将桀纣的恶行解释为顺从自然冲动：你们都唾弃他，而我偏要赞美他，难道不行吗？亡国的桀纣，圣明的尧舜禹，最后不都一命呜呼了吗？荣耀一生，毁誉后世，故去的人怎么知晓。不管是荣耀，还是恶名，都是水里的泡沫罢了！为什么不好好享受生活的方方面面呢！远离那些假清高的人、虚伪的人、追逐名利的人，以及违逆天性的道德主义者吧！

《列子 · 杨朱》中记录了晏平仲和管夷吾的一段，其中管夷吾的部分言论可以很好地说明杨朱对生活的理想：

> 恣耳之所欲听，恣目之所欲视，恣鼻之所欲向，恣口之所欲言，恣体之所欲安，恣意之所欲行。夫耳之所欲闻者音声，而不得听，谓之阏聪；目之所欲见者美色，而不得视，谓之阏明；鼻之所欲向者椒兰，而不得嗅，谓之阏颤；口之所欲道者是非，而不得言，谓之阏智；体之所欲安者美厚，而不得从，谓之阏适；意之所为者放逸，而不得行，谓之阏性。凡此诸阏，

> 废虐之主。去废虐之主，熙熙然以俟死，一日、一月，一年、十年，吾所谓养。拘此废虐之主，录而不舍，戚戚然以至久生，百年、千年、万年，非吾所谓养。

不难看出，杨朱其实并不排斥享乐主义。在这个篇章的其他段落里，我们还可以看到，杨朱学说其实是从老子“无为”学说衍生而来的，例如：

> 生民之不得休息，为四事故：一为寿，二为名，三为位，四为货。有此四者，畏鬼，畏人，畏威，畏刑，此谓之遁民也。可杀可活，制命在外。不逆命，何羡寿？不矜贵，何羡名？不要势，何羡位？不贪富，何羡货？此之谓顺民也。天下无对，制命在内。故语有之曰：人不婚宦，情欲失半；人不衣食，君臣道息。

综上所述，杨朱并非享乐主义者，他推崇的是朴素的自然观，对那些超限度的人造物深恶痛绝，不在乎与自然不相符合的感官刺激。饿了就随便吃点，冷了就穿些布衣。他相信命运，以平静之心对待死亡，从不追求不死之身。由此可见，他继承了老子的精神。

杨朱学说是极端的，其是非对错众说纷纭，但不可否认的是，他是中国哲学史上一个特立独行的存在。无论是在他活着的时候，还是在他百年之后，他的学说一直备受人们关注，所以我们才会在《孟子·滕文公下》中读到以下段落：

> 圣王不作，诸侯放恣，处士横议，杨朱、墨翟之言盈天下。天下之言，不归杨，则归墨。杨氏为我，是无君也；墨氏兼爱，是无父也。无父无君，是禽兽也。

关于实用主义

中国伦理学大多具有实用主义倾向，而实用性是通向中国人内心世界的途径之一。当然，中国人的心理还具有其他一些非同寻常的道德特质，譬如，孝，儒家思想后续发展出的一个基本理念；礼，中国社会中至关重要的理念；此外，中国人不管做什么事都显得很保守，这种保守主义顺理成章地将他们塑造成了爱好和平的民族。这些特质在中国哲学体系中扮演着关键角色，所以中国人的实用主义倾向得到了一定的调试。儒家思想若没能顺利聚合这些明显特质的话，恐怕也会在日后的发展进程中逐渐沉寂，就像别的很多理论一样，无法守住自身的优越地位。

相较而言，我们即将要讨论的学说则只具有实用主义倾向，此外再不具备上述其他特质。因为太过重视实用性，所以忽略了别的一系列因素。它还具有极端的利他主义倾向，就像杨朱学说具有极端为己主义倾向一般[5]。不过公正地说，其基本准则依然是纯粹的实用主义，此外还涉及一部分类似于基督教教义的理念。这个学说如果诞生于更富有理想主义、想象力，以及宗教性——这一点至关重要——的民族，将有可能发展为基督教一类的理论体系。

开创这一学说的人名为墨翟，后世之人称其为墨子。他生活在哪个年代？究竟是哪国人？我们不得而知，但是可以肯定，他出现在孔子之后，因为在其活跃时期，孔子的学生们都已离世。墨子或许不是北方人，而是南方人；也做过官，就像其他有文化的人一样。因为在传承过程中有所遗失，所以今人看到的《墨子》只有53个篇目。这些篇目应该是墨子的学生在其离世后编辑成册的，字里行间漏洞百出，有时候甚至还读不通，所以思想要义无从考证。《墨子》之所以

墨子像

没能被完整地保存下来，一定程度上是因为，在清代之前，它一直都不太受人重视。清代学者看到了这位思想家的光芒，以全新的角度和途径重新研究了他的思想，虽然他已经被人们忘记了两千年。倘若后人能稍稍重视他一些，那么现存的《墨子》应该不会如此粗制滥造、漏洞百出，而应该更完整翔实一些。很多学者都潜心研究过这部典籍，然而效果都不太好。就能够读懂的篇目而言，我们可以看出墨子的逻辑是十分清晰的——在这一点上，他和其他中国哲学家很不一样。

和平昌盛是墨子的远大理想。虽然生活在古代，但是他的思想却饱含现代意义。他认为，圣人的任务是给社会带来秩序，做出贡献，除暴安良。然“乱何自起”？墨子的答案是“起不相爱”：

> 天下之人皆不相爱，强必执弱，富必侮贫，贵必敖贱，诈必欺愚。凡天下祸篡怨恨，其所以起者，以不相爱生也，是以仁者非之。……天下之人皆相爱，强不执弱，众不劫寡，富不侮贫，贵不敖贱，诈不欺愚。凡天下祸篡怨恨，可使毋起者，以相爱生也，是以仁者誉之。（《墨子·兼爱中》）

兼爱与非攻，要怎样融合在一起？在墨子看来，判断某个理论能不能成立的标准不外乎三点（“言必有三表”），“有本之者，有原之者，有用之者”：其一，“上本之于古者圣王之事”；其二，“下原察百姓耳目之实”；其三，“废以为刑政，观其中国家百姓人民之利”[6]。（《墨子·非命上》）墨子没有改变论证的方向。大自然“兼天下而爱之，撒遂万物以利之”，创造了各种天体，拟定了它们的运转轨迹，使四季与物候相符，“雷降雪霜雨露，以长遂五谷麻丝，使民得而财利之；列为山川溪谷，播赋百事，以临司民之善否；为王公侯伯，使之赏贤而罚暴，贼金木鸟兽，从事乎五谷麻丝，以为民衣食之财。”这不都是大自然的赠予吗？这不都是人人皆能享有的礼物吗？所以，爱和正义皆来自大自然，而凡夫俗子们的任务就是遵循大自然的旨意，践行兼爱与非攻。

这也是先贤所传播的道理，明君所践行的法则，不是吗？

> 夫爱人者，人亦从而爱之；利人者，人亦从而利之；恶人者，人亦从而恶之；害人者，人亦从而害之。

通过生活经验得出的结论也是一样：是为兼相爱，交相利。倘若“兼相爱、交相利”是治理国家的方策，那么社会将迎来帝王贤明、百官忠诚、父辈仁厚、儿女孝顺、兄弟和睦的繁荣景象。上行下效至关重要，墨子对此给出了证明：楚灵王偏好腰细的臣子，所以百官都节食减肥，“比期年，朝有黧黑之色”；越王勾践喜欢勇猛之人，所以越国青年都崇尚武力，不畏生死。如果统治者主张上天“兼而爱之”，那么国民也会依附于此，不敢违逆；由此，兼爱非攻的思想便有可能得到普及。

当然，墨子学说的本质是实用主义，而不是人道主义。这一点主要体现在他的经济学观点上。而导致墨子学说残缺不全的一个原因恰恰是儒家对墨子经济学观点的抨击。《孟子 · 尽心下》中有写：“今之与杨墨辩者，如追放豚，既人其笠，又从而招之。”而《孟子 · 滕文公下》更是把墨子视为禽兽般的存在。相较于孟子，荀子在批判墨子的时候倒是温和一些。《荀子 · 解蔽》中说：“墨子蔽于用而不知文。……故由用谓之道，尽利矣。”《荀子 · 非十二子》有云：“不知壹天下、建国家之权称，上功用、大俭约，而僈差等，曾不足以容辨异，县君臣；然而其持之有故，其言之成理，足以欺惑愚众，是墨翟、宋研也。”

墨子十分不认同彼时社会的某些传统风俗，譬如厚葬久丧，以及过于繁复奢靡的礼乐，等等。此外，他还指出，人们应该在吃穿住行、婚丧嫁娶，以及蓄私纳妾等方面勤俭克制，因为它们皆是食利阶层的非生产性消费，完全是在浪费资源。提高人民生活水平的前提是推动生产和积累财富，而不是重奢靡，讲排场。

蓄私纳妾的传统不仅会导致“天下之男多寡无妻”，还会导致繁衍受阻，人口稀少（“女多拘无夫，男女失时，故民少”）。有趣的是，墨子对这一风俗的批判并没有夹杂道德色彩，而是带有功利性。

出于相同的考虑，墨子对儒家的情感主义（sentimentahsm）也很不认同。中国人向来敬畏先祖，从来不会错过任何公开的追思机会，所以他们十分在意丧葬一事，不管是穷人还是富人，都会尽力操办，以表达对逝者的沉痛悼念。一些去过中国的人告诉我们，他们看到在逝者的葬礼上有雇用来的哭丧队伍。古人应该没有这样做过，起码历史资料里没有显示。不过，古人很看重孝道，必须为父母服丧三年。例如《论语 · 阳货》中写道，孔子的学生宰我认为服丧三年实在太久，打算将其改成一年，他铿锵地说：

> 君子三年不为礼，礼必坏；三年不为乐，乐必崩。

然而，孔子站在情感角度进行反驳，不过其说辞似乎牵强了些，说服力还不足：

> 女安则为之！夫君子之居丧，食旨不甘，闻乐不乐，居处不安，故不为也。今女安，则为之！
>
> 予之不仁也！子生三年，然后免于父母之怀。夫三年之丧，天下之通丧也，予也有三年之爱于其父母乎！

在服丧期间，逝者之子必须辞官归家、离群索居，不能做生意，不能参加公共的节庆活动，也不能参加个人的庆祝活动；只能待在家里，如同被囚禁的犯人，或者苦修的卫道士，“缞绖垂涕，处倚庐，寝苫枕块，又相率强不食而为饥，薄衣而为寒”（《墨子·节葬下》），一心一意追思父母。总的来说，儒家是支持服丧三年这一礼制的，不过墨子的态度就截然相反了。（请参阅《墨子·节葬》）

墨子大体上持反对意见，而且义正词平，有礼有节。在他看来，丧葬不属于生产，所以不应该在那上面太过浪费；厚葬久丧不利于社会运转，也不利于工农商业的进步。丧葬制度要求“棺椁必重，葬埋必厚，衣衾必多，文绣必繁，丘陇必巨”（《墨子·节葬下》），然而对于已经失去生命的逝者而言，毫无实用价值可言。墨子信奉实用主义，不赞同情感的过度宣泄。他不反对人们心中保有敬意，却也不认同为了宣泄情感而浪费个人、社会及国家的财富。

这也就解释了墨子为什么会反对音乐，更反对征战。他认为音乐无法给国家带来任何财富，而战争则更加可恶，阻碍工商业发展不说，还“竭天下百姓之财用”“百姓死者，不可胜数”，完全谈不上仁义。简单地说，只要是破坏和平，妨碍社会生产的事物都会或为墨子严厉批判的对象。

墨子还对盛极一时的宿命论进行了无情的斥责。他的观点是，宿命论极大地阻碍了工农商业的发展，以及社会的富强。人民如果盲目信命，就会渐渐失去生产劳动、积累财富的心力，也会放弃维护和平的信念。所有人都失去了积极性和主动性，任由所有事物向命运低头。墨子本质上是个提倡并践行勤俭生活的人。墨子为我们描述了中国人内心世界里的实用主义被过度强化的过程，以及对礼仪热情被牺牲的过程。

最后，墨子学说极为强调天这个概念，英文可以翻译为heaven，不过偶尔也有基督教教义中God（上帝）的意思。当然，上述两个概念也是有区别的：上帝是基督教教义中的核心概念，上帝崇拜是基督教世界里的第一要务；在墨子学说中，最核心的是实用主义，而天（相当于上帝）这个概念只会用于践行实用主义之时。纵观墨子学说中的“天”

与“兼爱”之间的关系，我们似乎看到了基督教世界的影子，这十分有意思。在下一章中，我们将探讨中国的宗教思想，并会深入讨论这个有意思的话题。

关于礼乐主义

显而易见，时人是不会对墨子的极端实用主义宽容以待的。中国人无比热爱礼乐，也无比敬畏先祖，所以他们不会选择哲学意义上的简化主义，或者说，他们不会无条件地接受实用主义。在这个方面，最典型的当数荀子学说。公元前 340 年，荀子出生在当时的赵国；50 岁的时候前往齐国游历及学习，曾经三度被任命为齐国稷下学宫的祭酒，后来因为受到一些齐国人的诋毁而去了楚国，而后一度出任兰陵令一职。荀子生活的年代比孟子要晚几十年，著有《荀子》一书，共 32 篇。就天赋而言，荀子定然比不上先哲孟子与庄子，不过其逻辑推理方法在那个时代可谓独树一帜，既具有合理性，又具

荀子像

有系统性。

后来的儒家学者，特别是宋明理学家皆认为荀子“别子为宗”，他的学说并非儒家正统。究其缘由，荀子认为“性本恶”，和孟子截然相反。唐代思想家韩愈（768年至824年）在《原道》中去除了荀子的名字，增加了孟子的大名，创造了以“尧、舜、禹、汤、文、武、周公、孔、孟”为正统的道统学说，从此之后，荀子便被排斥在儒家正统之外。不过，就理念而言，荀子在儒家思想发展进程中的地位足以和才华横溢、能说会道的孟子相提并论。

站在历史的高度来看，荀子着重发展了儒家思想中的礼乐，而孟子则着重发展了仁义。在《论语》中，我们很

孔子问礼老子画像石

难参透孔子在礼与仁之间的倾向。对于礼乐，孔子怀着发自肺腑的崇敬之情。《论语 · 乡党》为我们详细描述了孔子在各种场合的言行神情，于是，孔子被塑造成了礼的化身。有史料显示，青年孔子曾“适周，问礼于老子”，因为周礼档案是由周皇室保管的，而老子是“周守藏室之史”，也是时人心目中的最懂礼仪和祭祀的权威。

孔子之所以积极倡导礼乐，不只是因为礼乐属于一种外在表达，还因为它有利于培养道德情操。无独有偶，法国近代思想家帕斯卡提出，所有教堂都必须严格遵行各项礼仪，因为这对培养基督教的性格与忠诚极有好处。孔子常常抱怨，那个时代的社会充满了有违礼乐制度的行为。若非天才思想家孟子塑造了儒家伦理学的主体性，也就是仁义，那么倡导礼乐的荀子一定不会被排斥在儒家正统之外。

荀子不太受欢迎的原因和其激进的人性观不无关系。他与孟子的观点截然相反，他的看法是人性本恶，而礼乐制度可以纠正这一点；古代先贤之所以创造礼乐，就是为了改变人们先天的本性，兴起后天的人为作用。

严格地说，相较于荀子的礼乐主义，人性本恶这个令人厌恶的见解其实没那么重要。为了给自己所主张的伦理学观点找到哲学基础，荀子提出了人性本恶这一理论，换句话说，他认为人的本性是需要通过后天的努力来予以纠正的。荀子希望人民能沿着德性这一方向前行，为了达成这个愿望，他将礼乐打造为了最佳工具。如果将理论放入实践来看，其实人性本善与人性本恶之间的差别并不大，关键之处在于必须遵从儒家所提出的道德规范。在荀子看来，如果孟子的人性本善理论是正确的，那么后天的礼乐制度与道德规范又是用来纠正什么的呢？

《荀子 · 礼论》开篇便提道：

> 人生而有欲，欲而不得，则不能无求。求而无度量分界，则不能不争；争则乱，乱则穷。先王恶其乱也，故制礼义以分之，以养人之欲，给人之求。使欲必不穷于物，物必不屈于欲。两者相持而长，是礼之所起也。

显而易见，荀子坚定地认为社会是人造物。人们一生下来就看重自身利益，并为了满足自己而牺牲他人，以致人世间总是纷纷扰扰。古之圣贤不愿看到这种混乱再持续下去，为了让人们和平共处，不得不想办法禁锢人们那贪得无厌之心。圣贤之人心知肚明，这种禁锢是与人性相悖的，它束缚了人的自然冲动，所以是“伪”（从字的结构可看出其意为人为）的设立，对立于人性中的恶。荀子指出，圣贤之人追根溯源是典型的化性起伪之举。圣贤之所以不是普通人，并不是因为他们天性出众，而是因为他们通过“文理隆盛”改造了原初的粗鄙自我。

这也是荀子与其他儒家学者在道德实践领域内的最大不同。无论是子思（孔子的孙子），还是曾子（孔子的得意门生），抑或是孟子，儒家思想的后来者们都以仁、义等内在价值为重，认为礼乐是一种自然的由内向外的情感表达。荀子反对人性本善，自然也就不会以人之自我修养为重。用现代人的话来说，荀子坚信外力是塑造人性与命运的决定性因素。人类的内心世界并非一片空白，就等着美德来指引，实际上，我们的内心十分粗鄙，需要接受精密且系统的改造。只有那圣贤所创造的礼和义才能完善这原初的世界，化性起伪，塑造和美自我。

《荀子·礼论》还写道：

> 故曰：性者，本始材朴也；伪者，文理隆盛也。无性则伪之无所加，无伪则性不能自美。性伪合，然后成圣人之名，一天下之功于是就也。故曰：天地合而万物生，阴阳接而变化起，性伪合而天下治。

经过化性起伪之后，饥饿的人会把食物让老人先吃，疲惫的人会克服阻碍继续前行，兄弟之间和睦不欺，陌生人将会得到温柔的对待。任何值得赞美的高尚举动都是礼义磨炼的产物，而非本性外露。

相对于其他倡导主体性的儒家学者，荀子显然更看重人的客体性。他的观点是，人们内心世界的善并不会自动扩展，只能从外部引入；仁并非人性中的利他倾向，只是用来削弱自我中心主义的人为手段。众所周知，传统也好，人类的模仿倾向也罢，都是社会得以建立的关键因素，所以可以肯定的是，虽然荀子针对道德训练所提出的客体性方法并不完全客观，但是这种方法在塑造美德时常能起到很好的作用。

宗教范畴或传统范畴内的礼仪、规范与制度，是先贤感知到的内心倾向的自然外露，而后又经过了世代传承。人们在遵循这类礼仪、规范与制度时，从外向内感受——不是从内向外推动，就能合情合理地生出和先贤相通的道德情感。人类的内心世界有许多条弦，所有弦都有可能和某个外界之音产生共鸣。假如它们因为根基的限制而无法振动，那么可以借助外力来实现共鸣。这便是与礼乐主义有关的心理学解释。

难怪后世的儒家学者会认为荀子学说带有异端色彩，毕竟荀子所反对的是蠢蠢欲动的儒家唯心主义，而对于大部分人来讲，儒家唯心主义是弥足珍贵的。

荀子指出，道德训练不应该只依靠内省，还需要依靠持续的学习与实践，就像《荀子·劝学》中所说的那样：

> 吾尝终日而思矣，不如须臾之所学也。吾尝跂而望矣，不如登高之博见也。登高而招，臂非加长也，而见者远；顺风而呼，声非加疾也，而闻者彰。假舆马者，非利足也，而致千里；假舟楫者，非能水也，而绝江河。君子生非异也，善假于物也……学恶乎始？恶乎终？曰：其数则始乎诵经，终乎读礼；其义则始乎为士，终乎为圣人。真积力久则入。学至乎没而后止也[7]。

和别的儒家学者一样，荀子也强调了学习儒家经典的重要性。当然，在他看来最重要的自然是与礼乐有关的典籍。通常情况下，哲学思想可分为两个彼此对立的主要流派，一个是主观主义，另一个是客观主义。中国思想家荀子的理论属于客观主义，其重点是礼乐制度的意义。

荀子学说和墨子学说在各个方面都是对立的。不同于墨子，荀子很看重音乐的功效。墨子只看到音乐无法带来经济利益，却没有看到人的情感可以通过音乐得到慰藉和升华。荀子则利用了一切能利用的外力培养人格，依他之见，音乐是能够改变社会风气的，也是修身养性的绝佳途径。《荀子·乐论》写道：

> 夫乐者，乐也，人情之所必不免也。故人不能无乐，乐则必发于声音，形于动静；而人之道，声音动静、性术之变尽是矣。故人不能不乐，乐则不能无形，形而不为道，则不能无乱。先王恶其乱也，故制雅颂之声以道之，使其声足以乐而不流，使其文足以辨而不諰，使其曲直繁省廉肉节奏，足以感动人之善心，使夫邪污之气无由得接焉。

就这一层面而言，荀子所表达的情感极具中国人特质。

为何后世之人喜欢孟子而不喜欢荀子呢？就像我们在前文中所讲的，其中一个原因是荀子的人性观是与众不同的。平日里，在和他人交往的时候，我们或许会心生一些自私、冲动的想法，不过我们并不会就此认为自身本性有多么粗鄙，也不会觉得善是人为制造的产物。人们坚信人类的心灵与行动都有无私的一面，而且最初皆是无意识的。实践经验足以证明，这样的自我认知——尽管最初是由主观意识构建的——基于一部分毋庸置疑的客观事实。因为社会的高度文明化，所以中国人拥有丰富的常识；理所当然，他们不会接受荀子的人性论；当然，荀子的其他理论无疑是中国式情感的典范。

后世之人不喜欢荀子的第二个原因或许是他的表达方式不讨喜。一种学说能不能被大众认同，除了其真实价值之外，在很多时候还与其表达方式有关。所以，我们偶尔会发现，一些旧思想在换上新包装之后忽然大行其道。就这个方面而言，荀子毫无天赋，完全比不上孟子。相较于孟子，荀子在推理时逻辑缜密、独树一帜、铿锵有力、简单直接，其表达方式不如孟子那般潇洒，以及极具煽动性[8]。如今人所见，无论是孟子学说还是荀子学说，其前提与结论都不够完美；他们针锋相对，但又都存在缺陷。就文学性而言，后世读者大多会认为孟子更具魅力。这也就不难解释，为什么中国人尊奉孔子为道德权威和宗教权威，却将身为大儒的荀子置之不顾，就好像孔子所创造的儒家学派从来都没有出现过荀子这个人一样。

注释

[1] 与之形成鲜明对比的是《论语 · 宪问》中孔子的观点：

“或曰：以德报怨，何如？子曰：何以报德？以直报怨，以德报德。”

[2]《庄子 · 应帝王》记录了老子和杨朱的对话：

阳子居见老聃，曰：“有人于此，向疾强梁，物彻疏明，学道不倦。如是者，可比明王乎？”老聃曰：“是于圣人也，胥易技系，劳形怵心者也。且也虎豹之文来田，猨狙之便执嫠之狗来藉。如是者，可比明王乎？”阳子居蹴然曰：“敢问明王之治。”老聃曰：“明王之治，功盖天下而似不自己，化贷万物而民弗恃，有莫举名，使物自喜，立乎不测，而游于无有者也。”《韩非子 · 说林上》中讲了一个故事，“杨子过于宋，东之逆旅，有妾二人，其恶者贵，美者贱。杨子问其故，逆旅之父答曰：‘美者自美，吾不知其美也；恶者自恶，吾不知其恶也。’杨子谓弟子曰：‘行贤而去自贤之心，焉往而不美。’”除外，《列子 · 黄帝》也提到了这件事。

[3] 挣脱一切人为束缚或外在限制，充实内心，回归原初，是道家思想的精要。《庄子 · 盗跖》借盗跖之口批评了以孔子学说为代表的儒家思想：

“今吾告子以人之情：目欲视色，耳欲听声，口欲察味，志气欲盈。人上寿百岁，中寿八十，下寿六十，除病瘦、死丧、忧患，其中开口而笑者，一月之中不过四五日而已矣。”

[4] 请参阅《列子 · 杨朱》：

“百年，寿之大齐。得百年者，千无一焉。设有一者，孩抱以逮昏老，几居其半矣。夜眠之所弭，昼觉之所遣，又几居其半矣。痛疾哀苦，亡失忧惧，又几居其半矣。量十数年之中，逌（同悠）然而自得，亡介焉之虑者，亦亡一时之中尔。则人之生也奚为哉？奚乐哉？为美厚尔，为声色尔。而美厚复不可常厌足，声色不可常玩闻。乃复为刑赏之所禁劝，名法之所进退；遑遑尔竞一时之虚誉，规死后之余荣；偊偊尔慎耳目之观听，惜身意之是非；徒失当年之至乐，不能自肆于一时。重囚累梏，何以异哉？太古之人，知生之暂来，知死之暂往；故从心而动，不违自然所好；当身之娱，非所去也，故不为名所劝。从性而游，不逆万物所好，死后之名，非所取也，故不为刑所及。名誉先后，年命多少，非所量也。”

[5] 请参阅《孟子·尽心上》：

“杨子取为我，拔一毛而利天下，不为也。墨子兼爱，摩顶放踵利天下，为之。子莫执中，执中为近之，执中无权，犹执一也。所恶执一者，为其贼道也，举一而废百也。”

[6] 在众多古代哲学家中，只有墨子意识到了论证需要具备条理性。他根据自身逻辑，严谨地推理论证着。然而令人不解的是，中国人没有接受他针对实用主义所做的有条理的阐释，以至于墨子学说未能发扬光大。

[7] 类似于《论语》中孔子所说的：

“学而不思则罔，思而不学则殆。”

[8] 荀子曾批评过孟子的推理方法，而且他的批评是有一定道理的：

“略法先王而不知其统，犹然而犹材剧志大，闻见杂博。案往

旧造说，谓之五行，甚僻违而无类，幽隐而无说，闭约而无解，案饰其辞而祗敬之……。”（《荀子·非十二子》）

儒家的伦理学

概述

这一道德体系是士大夫阶层的专属

儒家学者认为自身大任就是育仁

从不依赖于道德范畴之外的任何对象，而是将精力都集中在自我内在，以激发与生俱来的道德的萌芽

代表人物
孔子

伦理学观点的基础：
道就是仁

关于敬（或者说恭）

关于诚

在没有旁人的时候好好观察自己的内心世界，抵制自满自傲

《中庸》发展了与诚有关的理论体系，也就是“中庸之道”

是从与仁有关的理论衍生而来的，不但是建构了一个伦理学体系，还创造了一套具有实用性的政治纲领

其日常伦理学基于人之本性，并没有沾染任何神秘主义，或者超自然的色彩

道德原则：其一为仁，或者说利他主义；其二为利己主义

儒家育仁的方式是给一切心理冲动留下足够的缓冲时间

在广义上，其意为同情关爱友谊，更准确的说法是：同胞之间的情感

仁是人类心中生而有之的利他主义基础

人性非恶

仁既是人们固有的伦理性情感本能，也是人们在伦理社会里的一种特殊表现形式

达到至善人性，实现仁的途径

也是作为道德存在的面对本我时所具有的某种严肃态度

达到仁的境界，首先要做到独自警醒

勇于面对自己真实的内心世界

在没有他人相伴时，更要注意克制恐惧，监督自我

道德尊严感将油然而生，并自然而然地引起对诚的追求

经由诚的训练，人的道德价值得到了肯定，利他冲动得到了发展，而自我将受到合理限制

诚是真理，无休无止，并演化为人的本质。德从诚中来，诚是德之根本

人类必须依律行事，忠实于自我，并倾听内心或理性或利他的声音，而这些声音就是宇宙间的诚，是不得不遵守的法则

儒家的伦理学

代表人物孟子

“性本善”理论

因为人本诚，所以性本善

善由仁、义、礼、智构成，孟子将仁、义视为根本

性本善是仁与诚自然结合后的成果

利他（也就是孔子学说中的仁）是人的本能之一，是与生俱来的

通过培养敬与诚，人可以克服一切以自我为中心的、堕落的冲动和欲念，从而将利他本能发扬光大

无论是斗转星移，还是四季变换，亦或是世间万物的生长与变化，无不有赖于诚

聚合万物并促进和谐共生的自然法则与道德法则也有赖于诚

- 孟子的仁其实是孔子之仁的情感部分，或者说审美方面
  - 仁是一种爱、一种慈悲，以及一种极具主观色彩的情感
  - 仁发扬了利他本能
  - 仁要求人们不去想不该想的
- 孟子的义其实是孔子之仁的意志部分，或者说伦理方面
  - 义是一种责任，一种道德范畴内的“应然”，以及一种针对他人的客观考量
  - 义克制了自我意识
  - 义要求人们不去做不该做的

儒家的伦理学

代表人物荀子

- “性本恶”
- 着重发展了儒家思想中的礼乐
  - 礼乐制度可以纠正“性本恶”
- 更看重人的客体性
- 道德训练不应该只依靠内省，还需要依靠持续的学习与实践
- 荀子的理论属于客观主义，其重点是礼乐制度的意义

荀子坚定地认为社会是人造物。人们一生下来就看重自身利益，
并为了满足自己而牺牲他人，以致人世间总是纷纷扰扰

古之圣贤不愿看到这种混乱再持续下去，为了让人们和平共处，
不得不想办法禁锢人们那贪得无厌之心

圣贤之人追根溯源是典型的化性起伪之举

圣贤之所以不是普通人，并不是因为他们天性出众，
而是因为他们通过“文理隆盛”改造了原初的粗鄙自我

荀子坚信外力是塑造人性与命运的决定性因素

- 人类的内心世界并非一片空白，就等着美德来指引
- 我们的内心十分粗鄙，需要接受精密且系统的改造
- 只有那圣贤所创造的礼和义才能完善这原初的世界，化性起伪，塑造和美自我

任何值得赞美的高尚举动都是礼义
磨炼的产物，而非本性外露

音乐是能够改变社会风气的，
也是修身养性的绝佳途径

人们内心世界的善并不会自动扩展，只能从外部引入

仁并非人性中的利他倾向，只是用来削弱自我中心主义的人为手段

道家哲学

概述

- 道家思想更倾向于形而上，不太重视道德主义
- 道家的伦理学不仅是消极的，而且属于自我中心主义
- 道家思想是无私的
- 其处世准则一直是在清净之中享受人生的充实感与欢愉感，不被世间琐事纠缠，时刻都冥想着天地间的永恒与绝对，不去关心所谓的无常和纷扰
- 尊崇“不争之德”
- 自我中心主义可以像回飞镖一样反噬道德
- 道家思想带有消极的自我中心主义，但是他们并不是为物欲所控的自我中心主义者

他们不看重他人利益，所以也不会牺牲自我

他们对这个世界上没有欲求，对那来去匆匆的虚名与浮华毫不在意

他们在意的是自身生命的长度，换句话说就是这辈子能活多久，而非修炼成仙

这一世的人生其实是当下某种形式的道（绝对存在），所以不必执着于死后能永恒存在

道家思想到了后期逐渐放弃了对生死谜题的探索，所以产生了一种不科学的长生观

道家哲学

概述

道家思想所追寻的道德境界：
主观状态独立于一切人为设定的规则与限制，融入了先验的大道，也就是无为

无政府主义正是道家的伦理学观点的根本

道家的伦理学观点是一种避世哲学

无为，是道家自我中心主义的根基

- 所谓无为，并非什么都不做，或者无事可做的意思
- 是不对他人生活产生影响
- 在自我跟随大道内在指引付诸各种行动时，不对自我产生影响

“不干涉”原则

- 让文明回到最初的原始阶段
- 人人都享有不受约束的自由权利，同时没有人以自由之名伤害他人利益

- 它总是被用于政治，或者说治理国家
- 道家思想中的治国方策是“无为”学说的直接应用，属于放任主义
  - 赋予人民自由之权利
  - 削减不必要的律法
  - 尽量不干涉人民的自由发展
  - 在必要的情况下，帮助人们摆脱人为造成的机巧、华饰、邪念，使社会回归朴实的原始状态

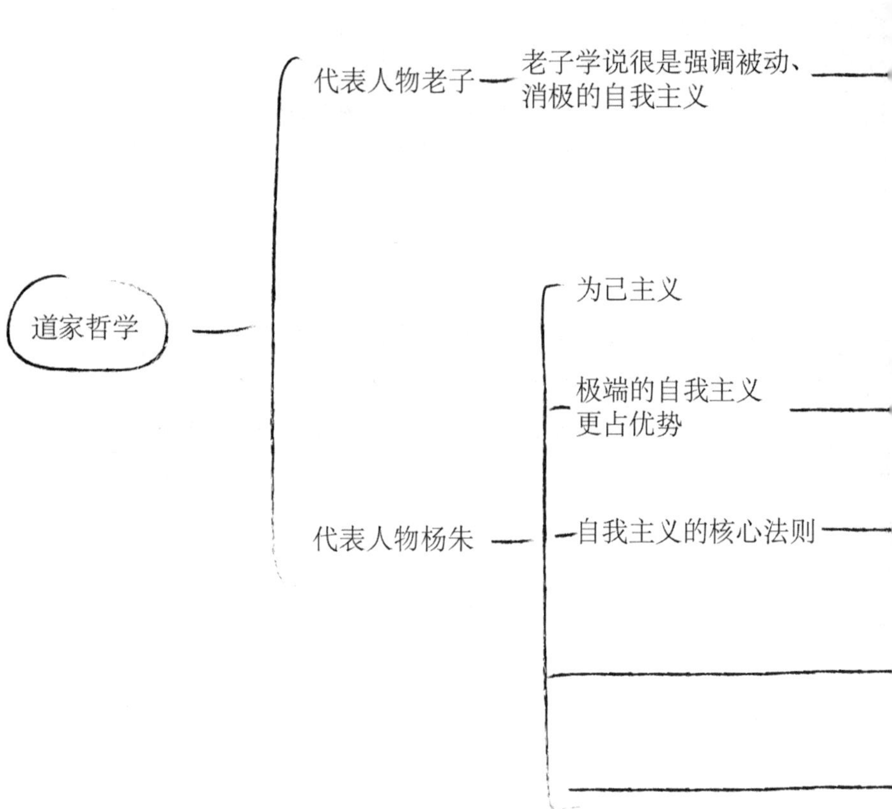
道家哲学
代表人物老子
老子学说很是强调被动、消极的自我主义
代表人物杨朱
为己主义
极端的自我主义更占优势
自我主义的核心法则

让世间万物沿着自己的道路走下去，不要用外力强行干扰

应该让人们施展天性，不应该设下不必要的规则和限制

一旦受制于外，无论何种事物都会迷失其自然本性

不提倡禁欲

消极应对那些压制自然冲动的精巧的人为限制

积极回归原初状态，尽情释放情绪和感受生命

他推崇的是朴素的自然观，对那些超限度的人造物深恶痛绝，不在乎与自然不相符合的感官刺激

他相信命运，以平静之心对待死亡，从不追求不死之身

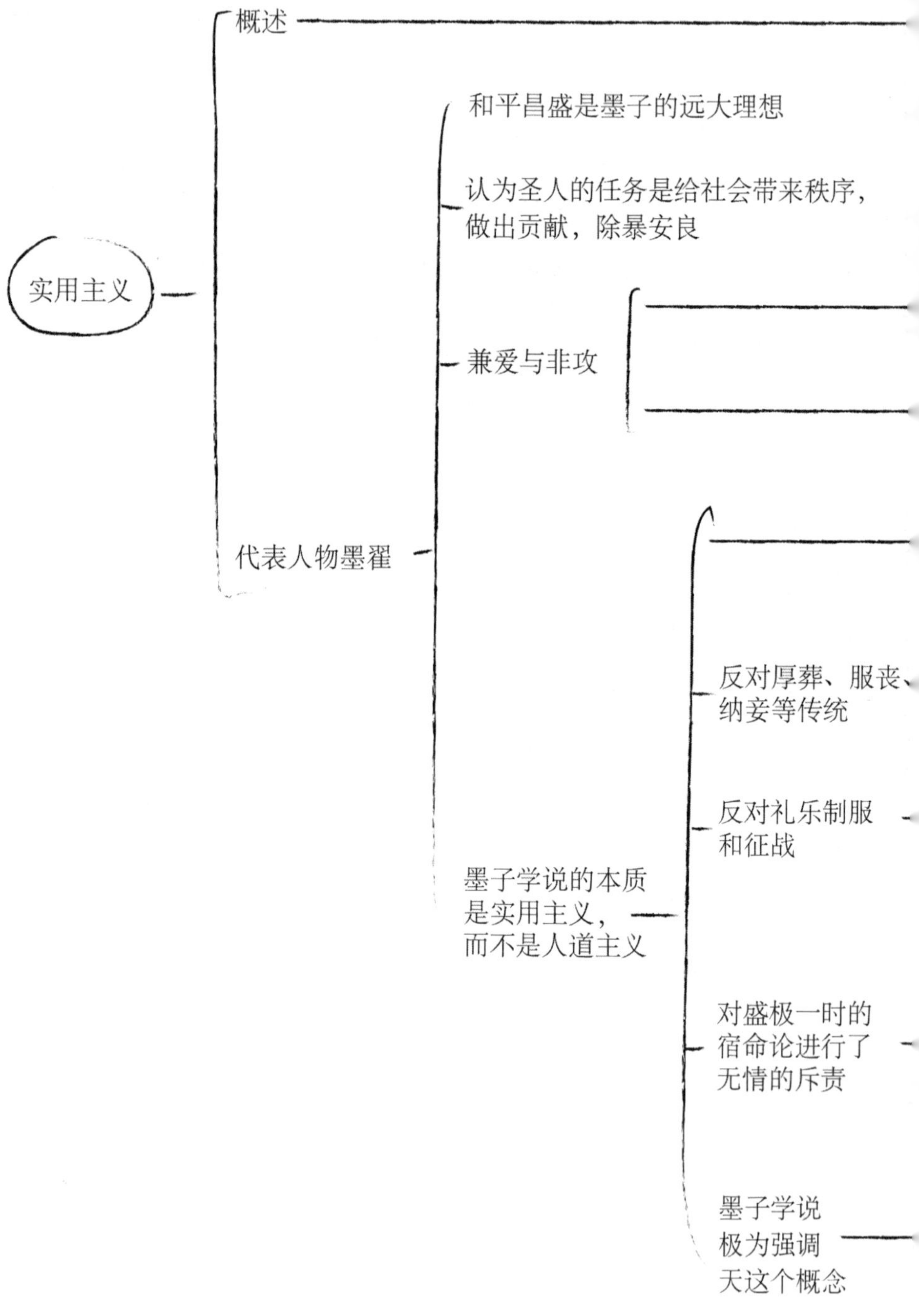

- 实用主义
  - 概述
  - 代表人物墨翟
    - 和平昌盛是墨子的远大理想
    - 认为圣人的任务是给社会带来秩序，做出贡献，除暴安良
    - 兼爱与非攻
    - 墨子学说的本质是实用主义，而不是人道主义
      - 反对厚葬、服丧、纳妾等传统
      - 反对礼乐制服和征战
      - 对盛极一时的宿命论进行了无情的斥责
      - 墨子学说极为强调天这个概念

实用主义

极端的利他主义倾向

基本准则依然是纯粹的实用主义，
此外还涉及一部分类似于基督教教义的理念

爱和正义皆来自大自然，而凡夫俗子们的任务
就是遵循大自然的旨意，践行兼爱与非攻

通过生活经验得出的结论也是一样：
是为兼相爱，交相利

提高人民生活水平的前提是推动生产
和积累财富，而不是重奢靡，讲排场

厚葬久丧不利于社会运转，也不利于工农商业的进步

纳妾导致“天下之男多寡无妻”，还会导致繁衍受阻，人口稀少

战争阻碍工商业发展，浪费很多钱财，使很多人丧失性命

音乐无法给国家带来任何财富

宿命论极大地阻碍了工农商业的发展，以及社会的富强。
墨子本质上是个提倡并践行勤俭生活的人

人民如果盲目信命，就会渐渐失去生产劳动、
积累财富的心力，也会放弃维护和平的信念

所有人都失去了积极性和主动性，
任由所有事物向命运低头

这个概念只会用于践行实用主义之时

第三章

中国人的宗教观

“五经”中的上帝观

我们将在这一章中为大家介绍一下“五经”，尤其是《诗经》和《尚书》所体现的上帝观。在《诗经》与《尚书》中，我们可以看到中国古代民间哲学之要义。那么，为什么只讨论“五经”呢？这是因为“五经”，准确地说，只有“五经”体现了中国人的上帝观。以儒家学者、道家学者为代表的中国哲学家们好像绝大多数都不崇拜上帝，只有墨子是个例外。《墨子》中有关于这一话题的篇章。事实上，“五经”与先秦哲学典籍正是“经史子集”中的“经”和“子”，它们的内容毫无交集，“五经”带有宗教特性，先秦哲学典籍倾向于实用性、道德性、理性，以及高度思辨性，譬如道家经典。

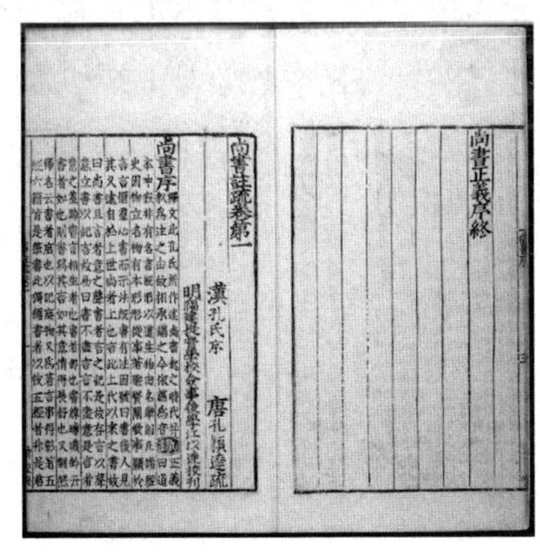
尚書注疏卷第一
漢孔氏序　唐孔穎達疏
尚書序
尚書正義序終

《尚书》明隆庆二年重修刊本

中国人的最初的上帝观多少都带有个人色彩；从一定程度上来说，人类和上天

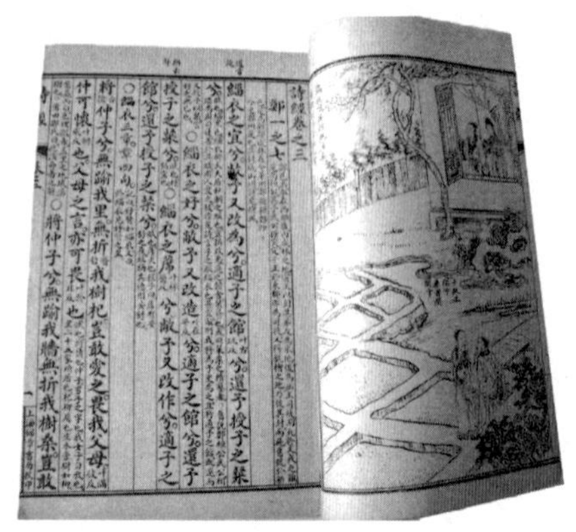
詩經卷之三

鄭一之七

緇衣之宜兮敝予又改為兮適子之館兮還予授子之粲兮

○緇衣之好兮敝予又改造兮適子之館兮還予授子之粲兮

○緇衣之蓆兮敝予又改作兮適子之館兮還予授子之粲兮

○將仲子兮無踰我里無折我樹杞豈敢愛之畏我父母 仲可懷也父母之言亦可畏也

○將仲子兮無踰我牆無折我樹桑豈敢

《诗经》上海锦章书局刊本

的关系密不可分，又相互作用。遭遇灾难时，人们定会大声疾呼上天不仁。然而，在哲学思想萌芽之后，上天与世间万物之间的情感上的宗教性联系逐渐消失了；天不再具有人格，成了自然法则的总和。此后，天被使用于理性层面，基本上彻底取代了人格化的帝（也就是上帝）。将上帝定义为生活在天上的生命，显然是不够准确的。上帝既非道德力量，也非被人格化的天（一部分西方传教士的观点），准确地说，上帝不应该是人。因为上帝带有部分人格特征，因此被人们称为“他”，而不是“它”。毋庸置疑，古代中国人对上帝的塑造和犹太人对耶和华的塑造是完全不同的。在严格的定义下，天不是上帝生活的地方，而是上帝的物质形式，或者说客观形式。以类比的方式来讲，天就是上帝，上帝就是天。

早在上古时期，中国人就创造出了某种存在，或者说是某种力量，甚至可以说是某种人格，来统治世间万物。在《尚书》《诗经》《易经》《礼记》等典籍中，尤其是在《尚书》和《诗经》中，我们可以看到这种存在的多种代词：上帝、昊天、旻天，等等。接下来，我们将试着探讨一下古代中国人对上帝是如何看待的，以及以此为基础所形成的一系列特性。

一

众所周知，天的一大特质就是富有同情心；“旻天”一词中的“旻”字即怜悯之意。古代中国人遭遇苦难的时候，总会向天祈祷，在他们看来，上天如父母，可以给他们带来慰藉。

大禹

上古时代的中国人常常和邻近部落发生冲突，面对三苗部落的反复挑衅，身为统治者的大禹曾尝试利用该部落的宗教信仰向上帝“负罪引慝”，想以此方式感天动地。我们在《尚书 · 大禹谟》里可以看到如下这段话：

> 三旬，苗民逆命。益赞于禹曰：“惟德动天，无远弗届。满招损，谦受益，时乃天道。帝[1]初于历山，往于田，日号泣于旻天，于父母，负罪引慝。祗载见瞽叟，夔夔斋栗，瞽亦允若。至諴感神[2]，矧兹有苗。”

在周厉王执政时期，有高官受人诬陷，无处申冤，只好对着天空大哭大喊，因为他认为上天如同慈悲的父母，能体谅人们的疾苦与不幸。他还为上天创作了一首诗：

> 悠悠昊天，曰父母且。无罪无辜，乱如此幠。昊天已威，予慎无罪。昊天大幠，予慎无辜。（《诗经 · 巧言》）[3]

一位被人诬陷的巷伯（管理宫中大小事务的宦官）也曾怨天尤人：

骄人好好，劳人草草。苍天苍天，视彼骄人，矜此劳人。（《诗经·小雅·巷伯》）[4]

二

上天同情世间之人，因此给人们带去了幸福。古代中国人十分淳朴，无论是在悲伤不已的时候，还是在欢欣鼓舞的时候，他们都认为上天最后一定会保护自己，就像他们的祖先那样。

继周太王、季历等人开疆括土之后，文王又兼并了邘、密、黎等小国，自此之后，周王朝坐拥了大半天下；民众认为这是上天的恩赐，并创作出如下赞歌以颂扬先王之美德，以及感谢天恩：

皇矣上帝，临下有赫。监观四方，求民之莫。维此二国，其政不获。维彼四国，爰究爰度。上帝耆之，憎其式廓。乃眷西顾，此维与宅。（《诗经·大雅·皇矣》）

在距今更久远的商朝诗歌中，我们已经可以看到与上天恩赐有关的观念了，例如《诗经·商颂·烈祖》。这首诗歌是为成汤——商朝的缔造者——而作的颂歌，先是讴歌了他的丰功伟绩，接着描写了所奉献的祭品，以祈祷他在天上能庇佑世间后代：

> 嗟嗟烈祖！有秩斯祜。申锡无疆，及尔斯所。既载清酤，赉我思成。亦有和羹，既戒既平。鬷假无言，时靡有争。绥我眉寿，黄耇无疆。约軝错衡，八鸾鸧鸧。以假以享，我受命溥将。自天降康，丰年穰穰。来假来飨，降福无疆。顾予烝尝，汤孙之将。[5]

周成王在位时期，召公请求返回封地被拒，周公心有不满，没有答应，并写下《君奭》一文，以周朝兴衰乃上天意志为由，规劝召公："弗吊天降丧于殷，殷既坠厥命，我有周既受。我不敢知曰：厥基永孚于休。若天棐忱，我亦不敢知曰：其终出于不祥。"（《尚书·周书·君奭》）

三

上天会给人们带来幸福，但当人们违逆天意时，上天也会给予惩罚。我们在《尚书》与《诗经》中可以看到很多这样的文字：苦难之人祈求上天帮助，偶尔还会埋怨上天不公，给自己带来了不幸。这是常有的事，痛苦与不幸的存在让人们洞察到自身的强大潜力。不妨来看看以下文字：

> 弁彼鸴斯，归飞提提。民莫不穀，我独于罹。何辜于天？我罪伊何？心之忧矣，云如之何？（《诗经·小雅·小弁》）

> 今商王受，弗敬上天，降灾下民。沉湎冒色，敢行暴虐，罪人以族，官人以世，惟宫室、台榭、陂池、侈服，以残害于尔万姓。焚炙忠良，刳剔孕妇。皇天震怒，命我文考，肃将天威，大勋未集。（《尚书·泰誓》）[6]

四

人们认为上天是生与死的主宰者。有道德的人会得到恩赐，逆天而行的人会受到惩罚。没有人敢对上天的愤怒置若罔闻，或者与其对抗：

觱沸槛泉，维其深矣。心之忧矣，宁自今矣？不自我先，不自我后。藐藐昊天，无不克巩。无忝皇祖，式救尔后。（《诗经·大雅·瞻卬》）[7]

尔乃尚有尔土，尔用尚宁干止，尔克敬，天惟畀矜尔；尔不克敬，尔不啻不有尔土，予亦致天之罚于尔躬！（《尚书·多士》）

《多士》这篇文章创作于商朝覆灭之后，周公以统治者的身份颁布诏令，训斥和告诫殷商的遗老们。不难看出，这番言辞中带有威胁意味，究其原因，周公笃定商王暴政被推翻是上天的旨意。这种天命观在中国历史上源远流长，我们接下来还会有所涉及。

五

罪人必遭天谴，因此世人必须敬畏上天，谨遵上天律令。《大雅·板》的作者指出，统治者如果不能好好治理国家，就会导致“下民卒瘅”；他劝说周厉王应敬天之怒，无敢戏豫。敬天之渝，无敢驰驱。

与《大雅 · 板》相似，为人熟知的《大雅 · 荡》一诗也是讥讽周厉王的，所以后来“板荡”一词被用来专指政局不安，社会混乱。由此可见，这两首诗的影响力有多么大。

另外，周武王也曾劝解过他的弟弟，也就是被封为卫国国君的康叔：

小子封，恫瘝乃身，敬哉！天畏棐忱。（《尚书 · 康诰》）

六

上天不但代表了某种伟大而隐秘的力量，还代表了神圣的智慧和光明。《诗经》中写道：

昊天孔昭，我生靡乐。（《大雅 · 抑》）[8]

明昭上帝，迄用康年。（《颂 · 臣工》）[9]

昊天曰明，及尔出王。昊天曰旦，及尔游衍。（《大雅 · 板》）[10]

七

上天无所不能，其间规律不可违逆，人类只是天意执事的工具。上天从不会撤销自己所做的任何决定，因为所有道德准则和行为规范都源于此，也就是卫武公口中的“昊天不忒”（《大雅 · 抑》）[11]。贤明的统治者会将不可违逆的天意时刻牢记于心，永远跟随道德与良善的指引，因为道德与良善正是天意的体现。中国古代乃至近代的王朝都是信奉神权的。

《尚书 · 太甲》告诉我们，身为成汤的孙子，太甲骄奢淫逸，德行有失，所以被伊尹关在了桐宫。伊尹让他闭门思过，并写下三篇《太甲》来告诫他：

> 先王顾諟天之明命，以承上下神祇。社稷宗庙，罔不祇肃。天监厥德，用集大命，抚绥万方。（《尚书 · 太甲上》）

而武王崩后，成王继位，三监及淮夷叛乱，在发兵平乱之际，成王发布诰令：

> 予造天役，遗大投艰于朕身……予惟小子，不敢替上帝命。……呜呼！天明畏，弼我丕丕基！（《尚书 · 大诰》）

八

在人类的社会交往中，道德层面上的关系也是上天安排好的。上天的不偏不倚，乃是道德的根源之所在。不遵从上天法则的人一定会受到天谴。身为周宣王极为看重的大臣，尹吉甫指出：

> 天生烝民，有物有则。民之秉彝，好是懿德。（《诗经·大雅·燕民》）

这种涉及道德起源的观点在《尚书·皋陶谟》中也清晰可见，舜的得力助手皋陶指出：

> “天叙有典，敕我五典五惇哉！天秩有礼，自我五礼有庸哉！同寅协恭和衷哉！天命有德，五服五章哉！天讨有罪，五刑五用哉！政事懋哉懋哉！”“天聪明，自我民聪明。天明畏，自我民明威。达于上下，敬哉有土！”

九

上天颁布了道德规范，并立下了奖惩制度，可见它不但是道德之源，更是铁面无私的执行者。所以，人生在世所得的悲欢离合其实都源自自身行为。遵循上天意志，践行道德与良善的仁定会得到奖励；不走正道的人必然会受到惩罚。这一法则是宇宙间的绝对存在，人们无力抗拒与逃离。

所以，《尚书·伊训》写道：

> 惟上帝不常，作善降之百祥，作不善降之百殃。尔惟德罔小，万邦惟庆；尔惟不德罔大，坠厥宗。

《尚书·咸有一德》记述了著名大臣伊尹的类似看法：

> 非天私我有商，惟天佑于一德；非商求于下民，惟民归于一德。德惟一，动罔不吉；德二三，动罔不凶。惟吉凶不僭在人，惟天降灾祥在德。

总之：

> 天道福善祸淫。（《尚书·汤诰》）

十

上天在奖惩世人的时候是公正公平的。所以，伊尹才会劝诫储君太甲：

> 惟天无亲，克敬惟亲。民罔常怀，怀于有仁。鬼神无常享，享于克诚。天位艰哉！（《尚书·太甲》）

在蔡叔与世长辞，蔡仲登上诸侯之位时，周公也曾劝诫道：

> 皇天无亲，惟德是辅。民心无常，惟惠之怀。（《尚书·蔡仲之命》）

十一

上天对世人是公平的，所以人们需要谨慎行事，以把握被恩赐的机会，避免被惩罚降灾。上天善变，如果人们无法做到一直“好是懿德”，它就会改变“心意”。上天的恩赐，是世间之人无法把握的。正因如此，中国古代的道德学家们才会一直强调：上天的意志之于世人来说是不可逆的。伊尹在劝说太甲时反复提到了这一观点。他孜孜不倦地告诫年纪尚轻的太甲，万万不可疏于政务，更不能自以为是，觉得上天对先帝的恩泽会永不消逝。

> 伊尹既复政厥辟，将告归，乃陈戒于德。曰：呜呼！天难谌，命靡常。常厥德，保厥位。厥德匪常，九有以亡。（《尚书·咸有一德》）

《诗经·大雅·大明》里也表达了天命难测一类的观点，譬如这首祭奠周文王的乐歌中的部分段落：

> 明明在下，赫赫在上。天难忱斯，不易维王。天位殷适，使不挟四方。……维此文王，小心翼翼。昭事上帝，聿怀多福。厥德不回，以受方国。……殷商之旅，其会如林。矢于牧野，维予侯兴。上帝临女，无贰尔心。

注释

[1] 舜帝，古代中国的一位统治者，公元前2255年前后登上王位。

[2] 最初为“申”，是光明的意思，是一种精神存在，后来被塑造为控制闪电的神明，于是就有了偏旁“礻”。就字形而言，“礻”看上去宛如天上的光芒，言下之意是至高的精神存在面向世俗之人的自我体现。所以，字源学认为“神”是至高的精神存在，生活在天上，将光明散播到地面，以体现自身之存在。

[3] 大意为：

高远的苍天，如父母一般的苍天啊！我没有犯下任何罪过，不知为何被罢免。苍天威仪尽显，可是我真的没有罪啊！不体察民情，那是苍天的疏忽，可是我真的很冤枉啊！

[4] 大意为：

骄纵之人得意扬扬，劳苦之人任劳任怨。苍天啊，看看那些骄纵蛮横的人，可怜可怜那些劳苦的人吧！

[5] 大意为：

我那了不起的先帝啊！洪福齐天。厚恩无限，令子民们丰衣足食，直到今日。献上杯中清酒，希望能保我成功。调制肉羹，五味皆有且平衡。人们在默默祈祷，没有吵闹，肃穆且凝重。请保佑我平平安安，健康长寿。镶金的车衡与车轴，叮当作响的八个銮铃。我来到宗庙祭拜先祖，接受上天的意志。上天赐予健康平安，风调雨顺，五谷丰登。先祖有在天之灵，庇佑衣食无忧，永福永贵。通过秋祭与冬祭，成汤后代将享得永恒恩典。

[6] 引自《尚书·泰誓》的第一部分。在出发征讨纣王的前一天晚上，武王在盟津召见了各方诸侯，立下誓言，鼓舞士气，这就是著名的《泰誓》。不过，这篇文章被一部分人认为是伪造的。

[7] 这首诗是周幽王在位时的作品，作者坚定地认为，如果人们听从上天的意志，万能的上天就会帮助他们摆脱困苦，找到幸福。

[8]《毛诗序》曰：
“《抑》，卫武公刺厉王，亦以自警也。”

[9] 据说，这首诗记述的是周成王对农事官员的训诫。就文字风格而言，的确是周成王的口吻。

[10]《毛诗序》云：
“《板》，凡伯刺厉王也。”西周从夷王起，即衰落不振。厉王执政，朝纲大坏，民不堪命。

[11] 上述段落是诗歌的最后一节，其前文为：
“於乎小子，告尔旧止。听用我谋，庶无大悔。天方艰难，曰丧厥国。取譬不远，昊天不忒。回遹其德，俾民大棘。”

中国人的天与帝

通过上述分析，我们不难看出，古代中国人已拥有上帝观；上帝高高在上，神圣不可侵犯，掌管着世间万事万物。当然，他们心目中的上帝完全不同于希伯来人所信仰的上帝，二者的根本区别在于：中国人的上帝和人们的关系其实没那么紧密，而《旧约》中的上帝却截然相反。希伯来人的特质是想象力丰富、宗教性强，而中国人在这些方面并不突出，因此他们的上帝虽然是道德规范的制定者，不过就人格化程度而言比犹太人的上帝要低；犹太人的上帝和人们的关系十分亲密，而且常有互动。

《尚书》可以说是中国现存最具宗教色彩的典籍，尽管如此，我们在当中也没有看到任何超出道德范畴的想象或思考。关于这一点，不妨看看《尚书 · 汤诰》中的部分段落。这是一份诰书，准确地说是商朝的开国之君成汤的辩词：商人灭夏，是天意难违；“夏王灭德作威”，天要“降灾于夏”；讨伐夏朝，是听从上天的安排[1]。在这份诏书里，处处是道德说教，似乎与宗教毫无关系：

王归自克夏，至于亳，诞告万方。王曰："嗟！尔万方有众，明听予一人诰。惟皇上帝，降衷于下民。若有恒性，克绥厥猷惟后。夏王灭德作威，以敷虐于尔万方百姓。尔万方百姓，罹其凶害，弗忍荼毒，并告无辜于上下神祇。天道福善祸淫，降灾于夏，以彰厥罪。肆台小子，将天命明威，不敢赦。敢用玄牡，敢昭告于上天神后，请罪有夏。聿求元圣，与之戮力，以与尔有众请命。上天孚佑下民，罪人黜伏，天命弗僭，贲若草木，兆民允殖。俾予一人辑宁尔邦家，兹朕未知获戾于上下，栗栗危惧，若将陨于深渊。凡我造邦，无从匪彝，无即慆淫，各守尔典，以承天休。尔有善，朕弗敢蔽；罪当朕躬，弗敢自赦，惟简在上帝之心。其尔万方有罪，在予一人；予一人有罪，无以尔万方。呜呼！尚克时忱，乃亦有终。"

中国人心目中的上帝不同于《旧约·诗篇》里的上帝，亦不同于约伯眼中的上帝。他沉静、谨慎、极具伦理性，不偏不倚地执行着自己的决定，就像没有情感一样。他从来不会借助火、雷、电来彰显自身存在，或者说以此种方式宣泄一己之愤。中国人自始至终都不知道上帝的模样，只知道他生活在苍天之上，与世人没有个体间的瓜葛。上帝只会以力量的形式存在，换句话说，只会存在于自然界中的各种异象中。上帝一旦恼怒，就会给世人带去各种灾难。

《诗经·大雅·桑柔》中有写：

天降丧乱，灭我立王。降此蟊贼，稼穑卒痒。哀恫中国，具赘卒荒。靡有旅力，以念穹苍。

《诗经·大雅·云汉》中有写：

倬彼云汉，昭回于天。王曰：於乎！何辜今之人？天降丧乱，饥馑荐臻。靡神不举，靡爱斯牲。圭璧既卒，宁莫我听？……旱既大甚，则不可推。兢兢业业，如霆如雷。周余黎民，靡有孑遗。昊天上帝，则不我遗。胡不相畏？先祖于摧。

在这两首诗里，我们都看到了“天降丧乱”这句话。对于人情淡薄的社会，上天会让它变得混乱，并降下饥荒之灾，而苦难的人们一边哭泣一边祈祷，虔诚无比。倘若高高在上的是希伯来人的上帝耶和华，那么当他洞悉一切后，定会来到人们面前与之互动交流。然而中国人的上帝隐匿于云端之上，无影无踪（尽管中国人有时候把他形容得很明白），无声无息，毫无反应。世间之事似乎不会即刻博得他的关注，不管在什么时候，他都不会如希伯来人的上帝一样“发出奇异的雷鸣”，“告诉雪：‘降落到大地上！’同时这样告知了大雨与暴雨”；或者“束缚住自己的双手，让被造就的万人都明白自己所做之事。”（见《旧约·约伯记》）

中国人的上帝不仅是主宰生死的道德力量，还是主宰国家兴衰的政治力量；他最重要的任务是造福于人民，给社会带来公允与和平。上帝监控着天下，以及他的人间使者——“天子”，一旦不堪重任，就会被他人取代。日后的“天子”感知到身上的天命，于是集结力量与当朝势力对抗。他将当局者的错误与罪孽公之于众，而后以上天之名发起挑战。尽管有人认为《尚书·泰誓》是一部伪书，不过它栩栩如生地描述了武王伐纣这一事件，以及武王对商朝之腐败的态度。周武王指出：

肆予小子发，以尔友邦冢君，观政于商。惟受罔有悛心，乃夷居，弗事上帝神祇，遗厥先宗庙弗祀。牺牲粢盛，既于凶盗。乃曰："吾有民有命！"罔惩其侮。天佑下民，作之君，作之师，惟其克相上帝，宠绥四方。有罪无罪，予曷敢有越厥志？同力，度德；同德，度义。受有臣亿万，惟亿万心；予有臣三千，惟一心。商罪贯盈，天命诛之。予弗顺天，厥罪惟钧。予小子夙夜祗惧，受命文考，类于上帝，宜于冢土，以尔有众，底天之罚。天矜于民，民之所欲，天必从之。尔尚弼予一人，永清四海，时哉弗可失！

《尚书·泰誓》将纣王的所有过错与罪行记录在案；《诗经·大雅·皇矣》则描述了上天对一代明君周文王的训诫，以及讨伐殷商的过程：

帝谓文王：予怀明德，不大声以色，不长夏以革。不识不知，顺帝之则。帝谓文王：訽尔仇方，同尔弟兄。以尔钩援，与尔临冲，以伐崇墉。

中国人从不刻意区分道德权威与政治权威，在他们看来，能够领导和管理世人的统治者一定"怀明德"。"九五至尊"是距离上帝最近的那个人，就这一点来看，中国人心目中的统治者类似于柏拉图口中的"哲人王"。（柏拉图著有《理想国》一书；他在书中把所有城邦塑造成一个

帝尧

以伦理为基础的实体，而统治这一实体的是在道德方面完美无缺的“哲人王”。）

当统治者开始实行暴政的时候，未来的天子就会被上天委以重任，组织起兵力推翻当局，并登上王位。不过，在上古时期，王位的继承通常都采用禅让制：统治者在逊位时会从众多臣子中选定一位德才兼备之人作为后继者。尧、舜、禹三位帝王便是如此登上王位的。《尚书 · 大禹谟》记述了禹的重臣益对尧的赞美：

> 都，帝德广运，乃圣乃神，乃武乃文。皇天眷命，奄有四海，为天下君。

所以，在中国人眼中，改朝换代无一不是上天的安排。商朝被灭，是上天不想看到商王再继续作恶，尽管当年成汤灭夏建商，自立为王的时候也是上天的旨意。商朝被周朝取而代之，究其缘由，周天子德高望重、贤明良善，能够管理好人民。被取代者之所以被取代，是由于它已经无法胜任上天所委托的工作。一国之内，灾难频发，叛乱四起，那是上天发出的警报；当政者要是没有及时察觉上天的怒意，继续作恶多端，那么终将被惩戒，被取代。

周公在训诫商朝遗老时所说的话，很好地彰显了这种精神：

> 尔殷遗多士，弗吊旻天，大降丧于殷，我有周佑命，将天明威，致王罚，敕殷命终于帝。肆尔多士！非我小国敢弋殷命。惟天不畀允罔固乱，弼我，我其敢求位？惟帝不畀，惟我下民秉为，惟天明畏。（《尚书·多士》）

我们在前面已经提到，中国人的上帝从来不会以人的形象来到人们当中，并宣读自己的旨意；尽管这样做可以拉近与世人的距离，让人们将上帝视为最后的保护者。上帝并不会直接表露情绪，而是将情绪隐藏在各种自然现象中，譬如饥荒、干旱、瘟疫和地震，等等；当政者大多都十分在乎灾难等异象，很想参透上帝的旨意。上帝不会说话，但会借人民之口表达自身意愿。他想要做的是为世间之人缔造一个充满仁义的和平社会。当政者要是不顾人民安危，只求一己私欲，以致民不聊生、怨声载道，那么国家必定会遭遇劫难，而有识之士也定会觉察到上天的震怒。

> 民之所欲，天必从之。……天视自我民视，天听自我民听。（《尚书·泰誓》）

> 天聪明，自我民聪明。天明畏，自我民明威。（《尚书·皋陶谟》）

上天与世人彼此牵扯，一方有情况，另一方总能感觉到。当人怨声四起、改革无望时，德才兼备之人就会明白上天已经改变了心意，可以挺身而出对抗当局了。有一句谚语说："人民的声音就是上帝的声音"（Voxpopuli，voxdei）。中国古代政权虽然实行的是专制主义，不过也带有一定程度的民主性，这是因为他们认为人民的意志神圣不可侵犯。

当然，中国人掌控天意的办法不只是倾听"人民的声音"，还有卜筮。当卜筮的结果和人民的声音相符时，贤能之人就能洞见天意，而后竭力遵行。

我们在《尚书》中看到，武王去世的时候，成王还是个小孩，周公代为管理国家，而后管叔、蔡叔、武庚等人串通起来在淮夷发起了叛乱。周皇室在这个时候启用了先帝留下的大宝龟，占卜结果为“吉”，于是马上颁布了《大诰》，决然出兵平叛。

占卜甲骨文拓片

舜想将王位禅让给治水功臣禹，尽管舜心意如此，不过禹还是提出要看看占卜的结果，并说道：“枚卜功臣，惟吉之从。”舜告诉他：“官占惟先蔽志，昆命于元龟。朕志先定，询谋佥同，鬼神其依，龟筮协从，卜不习吉”（《尚书·大禹谟》）。舜对占卜的看法是，只有在心无定数时才需要占卜，倘若心中已经有了答案，就没有必要再占卜了。

《尚书·洪范》为我们讲解了“元龟蓍草”的占卜功用[2]。卜筮哲学源自《周易》思想，其吉凶等结果悉数记录于《周易》的“经”这一部分中。

不难看出，上帝主宰着世人的命运，是一种神奇的力量。他还主宰着世间道德，他的意志是神圣不可侵犯的，体现在民意，或者卜筮结果中。能获得上帝恩典的唯一途径是践行仁义。上天一直是大公无私的。

由此不难看出，中国人具有一种特殊的心理倾向，那就是实用主义。无论是中国人之于他们的上帝，还是希伯来人之于耶和华，皆是一神论。不过，我们一直在强调，耶和华和世人的关系十分亲密，而中国人的上帝却不太在意这种事。从某个角度来看，中国人的上帝应该是一个未被人格化的道德准则，尽管也具有一部分类似于人的情感，例如通过饥荒等灾难形式来体现的震怒。尽管如此，中国人的上帝不带有丝毫神秘主义和浪漫主义色彩。他不会降临到人间的某个圣地，也不会以人们熟知的物质形态来表达自我。即便是圣人或贤能也从未听闻过他的“微言”（still small voice）。相较于摩西、亚伯拉罕、亚伦（摩西的兄长），中国的尧、舜、禹、伊尹、成汤、周公、孔子无不是“干巴”实用主义者，具有极高的伦理特性。古代的中国人从来没有听说过“神的出现”（theophany）。我们可以简单地认为，中国人缺乏想象，无法洞察出先知的作用。当然，人们能够听到上帝的心声，其途径就是异象和卜筮[3]，至于其他的方式就很难说清楚了，要知道他甚至从未走入过人们的梦境，或者体现于宗教异象（Vision）当中。

古代中国人认为帝与天是不同的，尽管定义和区分稍显模糊，但差异依然存在。相较于天，帝的人格化程度更高。

因此，“帝”通常被翻译为Lord或God，而“天”的英文则是Heaven。在孔子生活的那个年代，甚至在《易经》的第一部分完成之时，中国的宗教体系就已经开始愈加忽视帝而重视天了。这也就是说，从那个时候起，上帝就成了一种单纯的存在于世间的道德准则或理性规范。在尊奉上天的各种方式中，最有效、最实用，且不失宗教性的方式就是谨遵及践行五典（“天叙有典，敕我五典五惇哉”《尚书·皋陶谟》）之类的道德准则；而祈祷、歌颂、献祭之

《大驾卤簿图》（局部）天子祭天出行图

类的举动则不是必要的，因为上帝的人格化程度不高，和人们的关系也并不直接，而是一种主观意识上的无影无形的存在。天道就是人道，日复一日之下，最初带有宗教特质的上帝渐渐成了单纯的哲学原则：天；最后又被融入了道德伦理体系中的“道”。

值得一提的是，中国人的上帝观还存在另一个显著特点：民间不会供奉上帝，因为普通人是不能向上帝祈祷发愿的。上帝崇拜是国家大事，是当朝统治者的特权，唯有真命天子才能举行祭天大典，也就是所谓的“绝地天通”。只有天子有资格供奉及祭拜上帝，并为上帝对皇室与百姓的恩赐表示感谢。祭天，对于天子而言是一桩大事，稍有不慎就有可能引起上帝的震怒，给国家带来灾难。事实上，古代中国人认为平民百姓私下祭天是对上帝的亵渎，因为上帝是神圣不可侵犯的，普通人卑不足道，不该企望和上帝交流。

且不论普通民众，即便是诸侯也被禁止祭拜上帝，否则就是严重的僭越行为，毕竟祭天是天子的神圣特权及职责所在。上帝与民众想要联系只能通过天子。“天明畏，自我民明威”（《尚书 · 皋陶谟》），上帝借由人民声音来传递自身情绪，不过除了天子，没有人能获得反省，以及想办法安抚上帝的机会。若能迷途知返，那么天子依然可以继续做上帝的表率。此后，他自然会倍加重视一年一度的祭天大典，或者在传统佳节献祭上帝，若非如此，他便会得罪上帝，随时有可能被他人取而代之，就像《尚书》与《诗经》中所描述的那般。

为何会出现如此非同寻常的现象呢？这是因为中国人并没有将个体间的关系形式强加道天人之间的关系上。高高在上的上帝委托天子管理万民，从而不用与普通民众产生直接联系。普通民众只需要践行国家法规，以及不可违逆的道德准则就好了。普通人所做的宗教事务是祭奠、敬畏、祭拜先祖，剩下的事情则全和道德、实用、世俗有关。

在中国文明发展史上，从一开始，上帝就脱离了个体，只和国家有关。那时候的国家，实际上就是统治者的财产。我们从《尚书》《周礼》和《礼记》中看到，天子在不同场合下祭拜着上帝。《周易》提到，豫卦之象辞为“雷出地奋，豫。先王以作乐崇德，殷荐之上帝，以配祖考。”涣卦之象辞为“风行水上，涣。先王以享于帝立庙。”

由此可见，自上古时代起，祭拜上帝便是与人民利益休戚相关的国家大事。耐人寻味的是，祭拜时虽会“作乐”，但不会如基督教所要求的那样吟唱颂歌，宣扬上帝之美德、力量和恩典。

中国人并未将上帝视为创世者，这样一来，这种特立独行的天人关系看上去就更加非凡了。就世界观而言，古代中国人一直摇摆于多神论和一神论之间。在信奉一神论时，上帝是唯一的神明，而在信仰多神论的时候，上帝是地位最高的神，并统领着诸神，譬如水神、火神、木神、土地神、山神、河神等；显而易见，上帝在众多神明中独占鳌头，另外，这些神明相互间的关系通常都十分模糊。不管怎么说，除了天，地也是创造世界的参与者，人们所在的现象世界绝非上天（也就是上帝）的独立作品，而是天和地相互作用的产物。

中国人认为，天与地密不可分，因此在现实生活中常常将它们合称为天地。毋庸置疑，这种二元宇宙观一直是中国思想发展历程上的重要元素，即便是在其思想成熟的宋代。

天地在创造世界时似乎是漫无目的的，其间也不存在任何可以感知到的、具有支配性的强大意志。中国的哲学家和诗人们也曾觉察到非人力能控制的宇宙意志。从《庄子·大宗师》的下述段落中，我们可以了解到中国哲学是如何解析宇宙意志的：

> 俄而子来有病，喘喘然将死。其妻子环而泣之。子犁往问之，曰："叱！避！无怛化！"倚其户与之语曰：

伟哉造化！又将奚以汝为？将奚以汝适？以汝为鼠肝乎？以汝为虫臂乎？子来曰："父母于子，东西南北，唯命之从。阴阳于人，不翅于父母。彼近吾死而我不听，我则悍矣，彼何罪焉？夫大块以载我以形，劳我以生，佚我以老，息我以死。故善吾生者，乃所以善吾死也。今大冶铸金，金踊跃曰：'我且必为镆铘！'大冶必以为不祥之金。今一犯人之形而曰：'人耳！人耳！'夫造化者必以为不祥之人。今一以天地为大炉，以造化为大冶，恶乎往而不可哉！"成然寐，蘧然觉。

当然，世间一切事物的发展都是有规律可循的，宇宙间也是有秩序的，然而这些法则都不可能源自某个永恒不灭的灵魂，或者精神——它极大地影响了人们的想象力。中国人看重实用性，所以一直生活在那苍白的合理范围内。他们认为，在逻辑上，上帝并不具备成为创世者的必要性，再加上中国人并没有那么强烈的——以上帝为对象的——宗教需求，以及情感需求。因为祭天是天子的专属权力，所以哲学家和普通人就只能专注于与上帝无关的事务。如此一来，上帝逐渐失去了民心，以及长期以来的尊贵身份，其存在对道德和政治的影响也不再积极有效。带有实用主义倾向的中国人一直信奉着缺乏浪漫性和宗教性的上帝。

注释

[1] 这个观点后来得到了孔子的支持，所以我们在《易传》中可以看到“汤武革命，顺乎天而应乎人”的说法。

[2] 所谓卜，是利用龟壳来推算；所谓筮，是利用蓍草来推算。占卜时，将龟壳置于火上炙烤，通过龟裂的纹路来判断吉凶。

占筮时，将49根蓍草随意分作两份，而后每份再随意分配为两份，以此类推，在完成第18次分配后演卦，推导出吉凶。

[3] 思想家荀子十分务实，但想象力着实有限。在古代中国人眼中，上天会通过灾难和异象来表达情绪，正如《荀子·天论》所说：

“星队木鸣，国人皆恐。曰：是何也？曰：无何也！是天地之变，阴阳之化，物之罕至者也。怪之，可也；而畏之，非也。夫日月之有蚀，风雨之不时，怪星之党见，是无世而不常有之。上明而政平，则是虽并世起，无伤也；上闇而政险，则是虽无一至者，无益也。夫星之队，木之鸣，是天地之变，阴阳之化，物之罕至者也；怪之，可也；而畏之，非也。”

与之形成鲜明对比的是，孔子在《论语》中对雷、电、飓风等自然现象的描述颇具宗教色彩。

墨子学说中的上帝

最后需要强调的是，古代中国也存在以系统化方式探究上帝之存在的思想家，那就是主张兼爱与实用的思想家墨子。在墨子的引领下，中国人逐渐开始有条不紊地逻辑论证作为世界统治者的上帝的存在：他不仅主宰着自然万物的生息，还监督着人们的行动。在墨子开始探索之前，或许也有道德家、哲学家、政论家曾经想到过这种神圣意志在人类活动中的体现形式，不过他们的想法都很模糊，而且不够深入、不够严谨。墨子开创了中国哲学史上的先河，塑造了一位万能的上帝，并将其人格化了。我们在《墨子》中可以读到好几篇以上帝为主题的论述，他力图证明这种神圣生命是存在的，并详细阐释了祭拜上帝的必要性。事实上，墨子的兼爱学说和极端功效论都是以卓越、睿智、无私、公正的上帝观为基础的。

《墨子·天志中》详细论证了神圣上帝的存在，我们在这里选取了其中一部分：

子墨子言曰："今天下之君子之欲为仁义者，则不可不察义之所从出。"既曰不可以不察义之所从出，然则义何从出？子墨子曰："义不从愚且贱者出，必自贵且知者出."何以知义之不从愚且贱者出，而必自贵且知者出也？曰："义者，善政也。"何以知义之为善政也？曰："天下有义则治，无义则乱，是以知义之为善政也。夫愚且贱者，不得为政乎贵且知者，然后得为政乎愚且贱者。此吾所以知义之不从愚且贱者出，而必自贵且知者出也。"

然则孰为贵？孰为知？曰："天为贵，天为知而已矣，然则义果自天出矣。"

今天下之人曰："当若天子之贵诸侯，诸侯之贵大夫，傐明知之。然吾未知天之贵且知于天子也。"子墨子曰："吾所以知天之贵且知于天子者有矣。曰：天子为善，天能赏之；天子为暴，天能罚之；天子有疾病祸祟，必斋戒沐浴，洁为酒醴粢盛，以祭祀天鬼，则天能除去之。然吾未知天之祈福于天子也，此吾所以知天之贵且知于天子者。不止此而已矣，又以先王之书，驯天明不解之道也知之。曰：'明哲维天，临君下土。'则此语天之贵且知于天子。不知亦有贵，知夫天者乎？曰：天为贵、天为知而已矣。然则义果自天出矣。”是故子墨子曰：“今天下之君子，中实将欲遵道利民，本察仁义之本，天之意不可不慎也。”

既以天之意以为不可不慎已，然则天之将何欲何憎？子墨子曰：“天之意，不欲大国之攻小国也，大家之乱小家也，强之暴寡，诈之谋愚，贵之傲贱，此天之所不欲也。不止此而已，欲人之有力相营，有道相教，有财相分也。又欲上之强听治也，下之强从事也。”上强听治，则国家治矣；下强从事，则财用足矣。若国家治，财用足，则内有以洁为酒醴粢盛，以祭祀天鬼；外有以为环璧珠玉，以聘挠四邻。诸侯之冤不兴矣，边境兵甲不作矣。内有以食饥息劳，持养其万民，则君臣上下惠忠，父子兄弟慈孝。故唯毋明乎顺天之意，奉而光施之天下，则刑政治，万民和，国家富，财用足，百姓皆得暖衣饱食，便宁无忧。是故子墨子曰：“今天下之君子，中实将欲遵道利民，本察仁义之本，天之意不可不慎也。”

且夫天子之有天下也，辟之无以异乎国君、诸侯之有四境之内也。今国君、诸侯之有四境之内也，夫岂欲其臣国。万民之相为不利哉！今若处大国则攻小国，处大家则乱小家，欲以此求赏誉，终不可得，诛罚必至矣。夫天之有天下也，将无已异此。今若处大国则攻小国，处大都则伐小都，欲以此求福禄于天，福禄终不得，而祸祟必至矣。然有所不为天之所欲，而为天之所不欲，则夫天亦且不为人之所欲，而为人之所不欲矣。人之所不欲者，何也？曰：病疾祸祟也。若已不为天之所欲，而为天之所不欲，是率天下之万民以从事乎祸祟之中也。故古者圣王，明知天鬼之所福，而辟天鬼之所憎，以求兴天下之利，而除天下之害。是以天之为寒热也，节四时，调阴阳两露也；时五谷孰，六畜遂，疾灾、戾疫、凶饥则不至。是故子墨子曰："今天下之君子，中实将欲遵道利民，本察仁义之本，天意不可不慎也。"

且夫天下盖有不仁不祥者，曰：当若子之不事父，弟之不事兄，臣之不事君也，故天下之君子，与谓之不祥者。今夫天兼天下而爱之，撽遂万物以利之，若豪之末，非天之所为也，而民得而利之，则可谓否矣。然独无报夫天，而不知其为不仁不祥也。此吾所谓君子明细而不明大也。

且吾所以知天之爱民之厚者，有矣。曰：以磨为日月星辰，以昭道之；制为四时春秋冬夏，以纪纲之；雷降雪霜雨露，以长遂五谷麻丝，使民得而财利之；列为山川溪谷，播赋百事，以临司民之善否；为王公侯伯，使之赏贤而罚暴，贼金木鸟兽，从事乎五谷麻丝，以为民衣食之财，自古及今，未尝不有此也。今有人于此，欢若爱其子，竭力单务以利之，其子长，而无报子求父，故天下之君子，与谓之不仁不祥。今夫天，兼天下而爱之，撽遂万物以利之，若豪之末，非天之所为，而民得而利之，则可谓否矣。然独无报夫天，而不知其为不仁不祥也。此吾所谓君子明细而不明大也。

且吾所以知天爱民之厚者，不止此而足矣。曰杀不辜者，天予不祥。不辜者谁也？曰人也。予之不祥者谁也？曰天也。若天不爱民之厚，夫胡说人杀不辜而天予之不祥哉？此吾之所以知天之爱民之厚也。……

“五经”体现了中国人的上帝观

- “五经”
  - 春秋
  - 易经
  - 礼记
  - 尚书
  - 诗经
- 早在上古时期，中国人就创造出了某种存在，或者说是某种力量，甚至可以说是某种人格，来统治世间万物
- 上天不但代表了某种伟大而隐秘的力量，还代表了神圣的智慧和光明
- 天的一大特质就是富有同情心
- 上天会给人们带来幸福，但当人们违逆天意时，上天也会给予惩罚
- 人们认为上天是生与死的主宰者
- 上天无所不能，其间规律不可违逆，人类只是天意执事的工具
- 在人类的社会交往中，道德层面上的关系也是上天安排好的
  - 上天的不偏不倚，乃是道德的根源之所在
  - 上天颁布了道德规范，并立下了奖惩制度

可以说是中国现存最具宗教色彩的典籍

尽管如此，我们在当中也没有看到任何超出道德范畴的想象

尤其是在《尚书》和《诗经》中，
我们可以看到这种存在的多种代词：上帝、昊天、旻天，等等

上天同情世间之人，因此给人们带去了幸福

罪人必遭天谴，因此世人必须敬畏上天，谨遵上天律令

有道德的人会得到恩赐，逆天而行的人会被惩罚

没有人敢对上天的愤怒置若罔闻，或者与其对抗

上天从不会撤销自己所做的任何决定，
因为所有道德准则和行为规范都源于此

道德与良善正是天意的体现

上天在奖惩世人的时候是公正公平的

它不仅是道德之源，更是铁面无私的执行者

遵循上天意志，践行道德与良善的仁定会得到奖励

不走正道的人必然会受到惩罚

这一法则是宇宙间的绝对存在，人们无力抗拒与逃离

中国人的上帝观

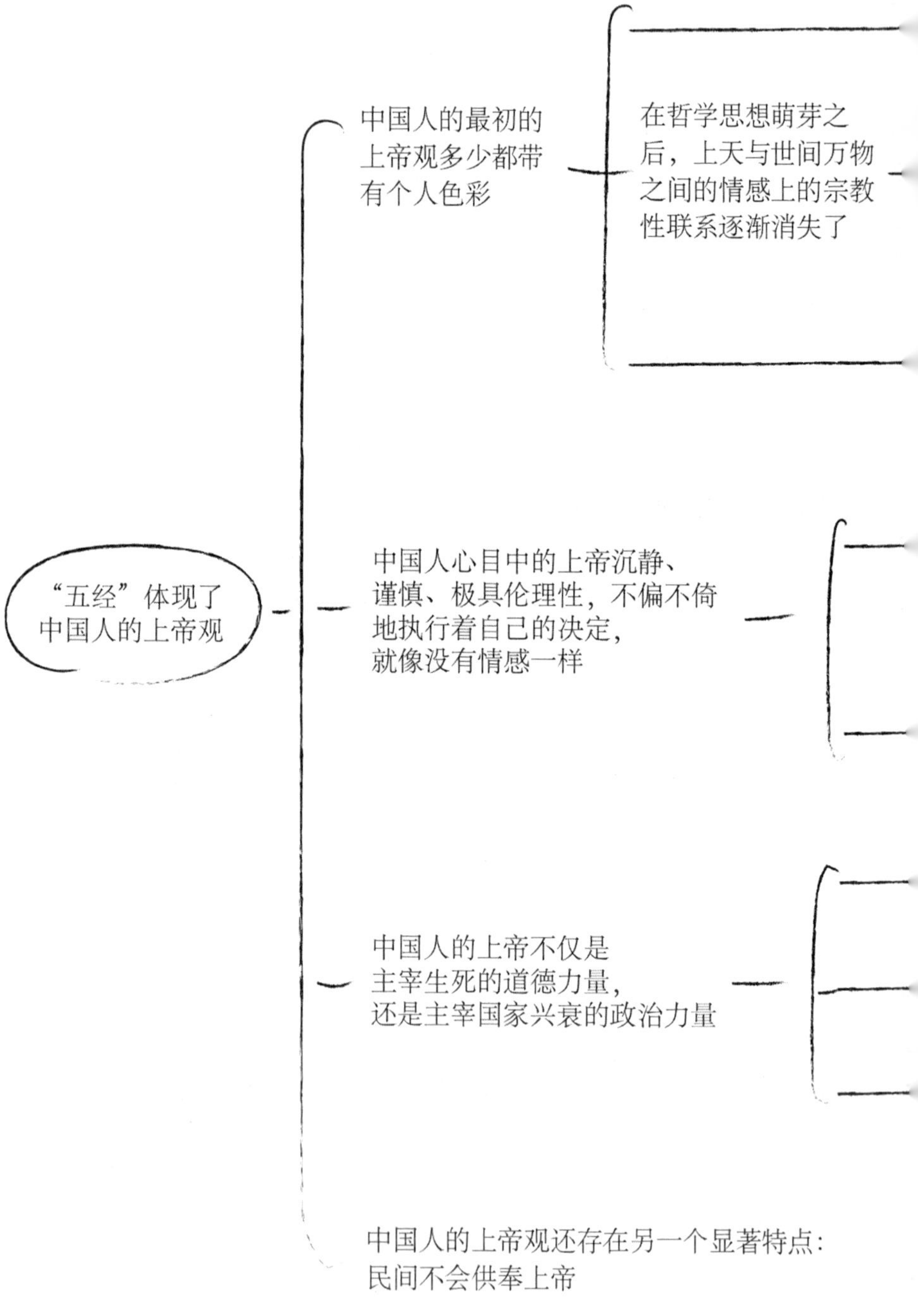

“五经”体现了中国人的上帝观

- 中国人的最初的上帝观多少都带有个人色彩
  - 在哲学思想萌芽之后，上天与世间万物之间的情感上的宗教性联系逐渐消失了
- 中国人心目中的上帝沉静、谨慎、极具伦理性，不偏不倚地执行着自己的决定，就像没有情感一样
- 中国人的上帝不仅是主宰生死的道德力量，还是主宰国家兴衰的政治力量
- 中国人的上帝观还存在另一个显著特点：民间不会供奉上帝

从一定程度上来说，人类和上天的关系密不可分，又相互作用

天不再具有人格，成了自然法则的总和

天被使用于理性层面，基本上彻底取代了人格化的帝（也就是上帝）

在严格的定义下，天不是上帝生活的地方，而是上帝的物质形式，或者说客观形式。以类比的方式来讲，天就是上帝，上帝就是天

中国人自始至终都不知道上帝的模样，只知道他生活在苍天之上，与世人没有个体间的瓜葛

中国人的上帝从来不会以人的形象来到人们当中

上帝不会说话，但会借人民之口表达自身意愿

上帝只会以力量的形式存在，换句话说，只会存在于自然界中的各种异象中

上帝一旦恼怒，就会给世人带去各种灾难

他最重要的任务是造福于人民，给社会带来公允与和平

上帝监控着天下，以及他的人间使者——“天子”

在中国人眼中，改朝换代无一不是上天的安排

一国之内，灾难频发，叛乱四起，那是上天发出的警报

当政者要是没有及时察觉上天的怒意，继续作恶多端，那么终将被惩戒，被取代

中国人的上帝观

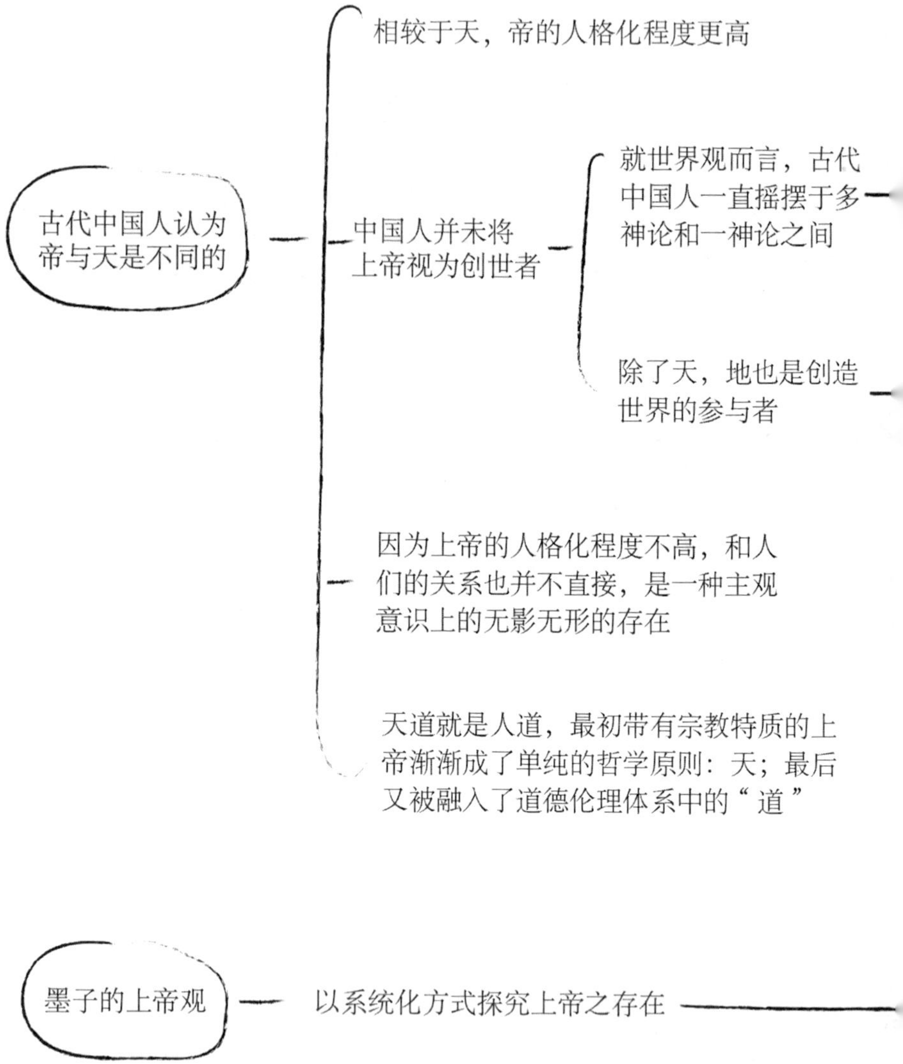

- 古代中国人认为帝与天是不同的
  - 相较于天，帝的人格化程度更高
  - 中国人并未将上帝视为创世者
    - 就世界观而言，古代中国人一直摇摆于多神论和一神论之间
    - 除了天，地也是创造世界的参与者
  - 因为上帝的人格化程度不高，和人们的关系也并不直接，是一种主观意识上的无影无形的存在
  - 天道就是人道，最初带有宗教特质的上帝渐渐成了单纯的哲学原则：天；最后又被融入了道德伦理体系中的“道”
- 墨子的上帝观
  - 以系统化方式探究上帝之存在

在信奉一神论时，上帝是唯一的神明

在信仰多神论的时候，上帝是地位最高的神，
并统领着诸神，譬如水神、火神、
木神、土地神、山神、河神等

人们所在的现象世界绝非上天（也就是上帝）
的独立作品，而是天和地相互作用的产物

中国人认为，天与地密不可分，
因此在现实生活中常常将它们合称为天地

他不仅主宰着自然万物的生息，
还监督着人们的行动

墨子开创了中国哲学史上的先河，
塑造了一位万能的上帝，并将其人格化

墨子的兼爱学说和极端功效论都是以卓越、
睿智、无私、公正的上帝观为基础的

图书在版编目（CIP）数据

中国哲学小讲/(日) 铃木大拙著；崔童译. --北京：应急管理出版社，2021

ISBN 978-7-5020-8498-1

Ⅰ.①中… Ⅱ.①铃… ②崔… Ⅲ.①哲学史—中国 Ⅳ.①B2

中国版本图书馆 CIP 数据核字(2020)第 248092 号

中国哲学小讲

著　　者　(日) 铃木大拙
译　　者　崔　童
责任编辑　高红勤
封面设计　粉粉猫

出版发行　应急管理出版社（北京市朝阳区芍药居 35 号　100029）
电　　话　010-84657898（总编室）　010-84657880（读者服务部）
网　　址　www.cciph.com.cn
印　　刷　北京楠萍印刷有限公司
经　　销　全国新华书店

开　　本　880mm×1230mm 1/32　**印张**　6 1/4　**字数**　140 千字
版　　次　2021 年 4 月第 1 版　2021 年 4 月第 1 次印刷
社内编号　20201636　**定价**　42.80 元